孝道作文選集

一般財団法人
孝道文化財団　編

一般財団法人孝道文化財団とは　～孝道の振興で世界に光を～

一般財団法人孝道文化財団は、華人文化に淵源を持ち人類共通の価値である孝道の実践を通じて、個人の人格完成、幸せな家庭づくり、豊かで平和な社会の実現による社会貢献を目的として設立されました。

小中高生を対象にした孝道作文コンクールの開催、孝道作文コンクールの入選優秀者に対する孝道奨学金の授与、孝道奨学生とそのご家族、有志を対象とした孝道交流会の開催のほか、孝道の振興にかかわる各種行事を開催しています。

本財団の活動の趣旨にご賛同いただける皆様からのご支援・ご協力を心からお願い申し上げます。

孝道作文選集発刊に寄せて

一般財団法人 孝道文化財団　理事長　李 貴史

私たちは今、科学技術が高度に発達した文明社会で生活しています。しかしながら現実には、家庭崩壊、いじめの横行、自殺の増加、格差拡大など様々な問題を抱えており、物質的な豊かさとは裏腹に、人倫道徳が失われて精神的には貧困な状態となり、決して安心して幸せに暮らせる社会ではありません。

ある時、アメリカの新聞で興味深い記事を目にしました。

それは刑務所から出た人の社会復帰を進める団体が実際に実施した調査の結果に関する記事でした。刑務所で服役中の囚人を二つのグループに分け、片方のグループの囚人には、1週間に一回、親に対する感謝の手紙を書かせ、もう片方のグループの囚人には、そのようなことをさせませんでした。そして1年が経過し、その囚人たちが刑務所から出て社会復帰した後、二つのグループ各々の再犯率を調査したのです。そこには驚くべき明白な差がありました。親に対する感謝の手紙を書き続けていた囚人たちは、出所後にほとんどの人が順調に社会復帰を果たし、再犯率は10％以下に留まりました。ところが、親に対する感謝の手紙を書かなかった囚人たちの再犯率は、なんと70％以上に上ったのです。この調査結果は、人間が人間らしい社会生活を送るために、親に対する感謝の気持ちを持つことがどれほど重要であるかを教えてくれています。振り返って、現在の日本社会を見てみると、親に対する感謝、いわゆる親孝行の伝統が失われ、利己主義が横行し、それが様々な社会的問題を引き起こしていることに気が付きました。

親孝行の精神は、孝道と称され、東洋の伝統文化において最も重要な徳目として、孝経という専門の経典が編纂されるほどに、日本では勿論のこと、中国や韓国など東アジアの国々で重要視されてきました。

ところが現在の日本の学校教育では、孝道の教育が全くなされていないばかりか、むしろそれを封建時代の遺物として排除する傾向にあり、現在の学校教育に期待することができない現状に直面しています。

そこで、日本の失われた美徳である孝道の精神を取り戻し、立派な人格を備えた個人、幸せな家庭、豊かで平和な社会を実現することを趣旨とし、有志に呼びかけて、一般財団法人孝道文化財団を創設いたしました。それと前後して、「孝道の振興で世界に光を」を合言葉に、シリーズで孝道講演会を開催するなど、孝道を振興するための活動を開始し、その一環として、日本全国の小中高生を対象に孝道作文コンクールを実施し作文を募集したところ、2021年には48通、2022年には368通の応募をいただき、厳正な審査のうえ、授賞式を開催しました。そして、この孝道作文コンクールの受賞作品の選考に合わせて、奨学金制度を創設し、コンクールに入賞した優秀者に奨学金を支給することにいたしました。

また、孝道奨学生とその家族、有志を対象にした交流会を毎月一回オンラインで開催しています。これは毎回、講師によるお話しの後、各参加者それぞれの親孝行の実践報告をするのですが、毎回参加者が増えており、大きな手ごたえを感じています。

2022年の孝道作文コンクールの授賞式の際、2021年の孝道奨学生たちが、奨学金を受けた一年間を振り返り、自分がいかに成長したかという報告の動画を上映しました。孝道作文コンクールに応募して入賞し、奨学金を受け、孝道奨学生として一年間、毎月一回の交流会に参加しながら孝道の実践をしていく中で、わずか一年で大きく成長していく姿に、大変感動しました。

そこで、このたび、受賞作品を厳選し「選集」というかたちで、広く皆様にお読みいただき、孝道のすばらしさを共有することができればと、孝道作文選集を発刊することになりました。この孝道作文選集を通して、日本の美徳である孝道を取り戻し、立派な個人、幸せな家庭、豊かで平和な社会の実現の一助となれば幸いです。

また、巻末に孝道作文コンクールの募集要項を掲載しました。

内容をご確認のうえ、ご家族、友人、知人の皆様にもお知らせくださり、たくさんのご応募をお待ちしております。孝道文化普及のための草の根運動がますます大きな輪となって広がっていきますよう願っております。

最後になりますが、本書の発刊にあたり、編集、そして、中国語で応募された作品の日本語への翻訳、校正など、多くの方の協力をいただき、本書を発刊することができました。ご協賛いただきました皆様にも、この場を借りて厚く御礼申し上げます。

目次

高校 三年生　木目 祐基
中学校 二年生　神井 佑恩
小学校 六年生　小栗 翔真

◆2022年度　受賞作文

高校 三年生　金光 柊介
高校 三年生　戸谷 陸愛
高校 一年生　古長 弥恩
高校 一年生　榎本 萌花
高校 一年生　柴田 祐成
高校 三年生　牧瀬 媛花
高校 一年生　松尾 咲希
高校 二年生　中田 愛

高校 三年生　趙 婉妤
高校 三年生　梶田 桃李
高校 三年生　清川 晴美
高校 一年生　胡 暁慧
中学校 三年生　神井 佑恩
中学校 三年生　平田 洪賢
中学校 一年生　神井 瑞喜
中学校 二年生　河原 奈鶴恵
中学校 一年生　西尾 幸
中学校 一年生　馬 可馨
中学校 一年生　高 睿瞳
小学校 六年生　野田 昴希
小学校 六年生　ラインズ ニコール
小学校 六年生　生田 子恒
小学校 四年生　黒岩 浩明

小学校 六年生　石 念慈
小学校 三年生　並木 咲愛
小学校 六年生　小林 慈月
小学校 六年生　藤本 美幸 愛眞
小学校 五年生　蔡 雯旭
小学校 六年生　藤山 聖豪
小学校 六年生　久米原 由佳
小学校 四年生　薛 子懿

◆「孝道作文コンクール」募集要項

親孝行実践のお手本として

植草学園大学 名誉教授／孝道文化財団 名誉講師　野口 芳宏

「山のあなたの　空遠く　幸い住むと　人のいう」と始まるドイツのカール・ブッセの詩は有名で、今でも中学校や高校の教科書に載っています。長い間私もこの詩はすばらしいと思っていましたが、近頃ちょっと別の考えを持つようになりました。

それは、「幸い」つまり幸福というものが「山のあなたの　空遠く」に住むという考え方に疑問を感ずるようになったからです。幸福はもっと身近にあるのではないでしょうか。今の身近な幸せに気づかずにいたら、いつまで経っても幸せは実感できないのではないかと、今の私は考えています。そして、その幸せは本人の感謝の中にしかない、と思うのです。不幸や不満や怒りや憎しみの中にいる間は幸せにはなれないでしょう。身近にある今の幸せに気づき、感謝する時に初めて人は幸せになれるのです。

さて、その「身近にある今の幸せ」に気づきたい第一が親の存在です。私達を人としてこの世に誕生させてくれたのは親です。両親がいてくれたお陰で私達は人間として生まれました。両親が私達子どもを大切に、大切に育てて下さったからこそ、ここまで大きく、元気で成長することができたのです。ですから、私達子供にとって両親は最高、最大の恩人です。世界で一番私たちを大切に、大事に守って育てて下さったのがお父さん、お母さんなのです。あるいは、御両親、またはそのどちらかが今はいないという家庭もあるかもしれません。しかし、今は一緒にいない親でも間違いなく子供の幸せを祈って下さっていることでしょう。

お父さん、お母さんにとって子供ほど大切な宝はありません。お父さん、お母さんは、子供達が、元気で、すくすくと成長し、やがて立派な大人になって世の為、人の為に役立ち、喜ばれるようになって欲しいといつでも、どこでも考えて下さっています。

このように考えてくると、親があることの今の幸せ、いろいろとお世話してくださる日々のこの有難さに気づかない訳には行きません。親の有り難さ、親の愛に気づく時、私達は、今の幸せを実感できます。「幸せ」は、山のあなたではなく、もっと身近な、この今にこそあるのです。

その「今の幸せ」を作って下さっている御両親の大恩に気づき、御両親に感謝をし、御両親に心配をかけないようにと心を働かせるのが「親孝行」の始まり、親孝行のスタートです。

子供としてできること、親に喜んで貰える小さなこと、それらの「子供にできる心からのプレゼント」を綴った見事な孝道作文選集が、恐らく日本で初めて誕生しました。ぜひよく読んで、親孝行実践のお手本として役立てて下さい。そうすることは、あなたの日々をも必ず幸せにしてくれるはずです。

2021年度　受賞作文

我が家のスーパーマン

高校二年生　岩田　実菜

私の家には二人の頼れるスーパーマンがいます。一人は毎日朝から夜まで仕事に行ってくれるパパ、もう一人は仕事と家事を両立してくれているママです。スーパーマンは何にでも変身できます。

パパは運転手さんで、ダンサーで、お笑い芸人で、執事で、カメラマンです。運転手さんになったパパは、いつでもどこへでも車やバイクで連れていってくれます。駅まで送ってくれたり、友達を乗せて遊びに行ったり、安全運転で最高の運転手です！

ダンサーのパパは、突然即興で踊りだします。パパにしかできない味のあるダンスは家族に笑顔を与えてくれます。

お笑い芸人のパパは、寒い親父ギャグを飛ばし、ボケもツッコミも一人でこなします。

執事のパパは、私のワガママを何でも聞いてくれます。最後のイチゴは残しておいてくれるし、朝寝坊しないように起こしてくれます。

カメラマンのパパは、学校行事や出掛けた時にムービーを撮ってくれます。手ブレがすごくてもピントが合ってなくても私だけを撮ってくれる自慢の専属カメラマンです。

ママは、コックで、ファッションコーディネーターで、カウンセラーで、お医者さんで、学校の先生です。

コックのママは、毎日五つ星のご飯を作ってくれます。疲れていても体調が悪くても定休日はありません。そして朝早くから注文通りのお弁当も作ってくれます。どのコンビニよりも美味しいです。

ファッションコーディネーターのママは、一緒に服のコーデを考えてくれます。どっちの方がいいか、このズボンに合う上着はどれかなど、深夜に一時間以上付き合ってくれることもあります。

カウンセラーのママは、悩んだ時の相談相手です。日々溜まっている愚痴やイライラはもちろん、嬉しかった小さなことやどうでもいい話まで何でも話せちゃいます。一緒に笑ったり泣いたりしながら話す時間は幸せであっという間です。

お医者さんのママは、外科医であり内科医、オールマイティーです。ある時は絆創膏を貼り、ある時は指に刺さったトゲを抜きます。熱が出た時はそばにいてくれます。薬よりも効果的な治療法です。

学校の先生のママは、分からないところをとことん解説してくれます。歴史の人物になりきるなど体を張ってくれたおかげで苦手だった社会が好きになりました。

本業以外でこんなにたくさんの仕事に就いているなんて本当にすごいと思いました。しかも、誰から給料を貰うわけでもなくです。

私の人生を思い返すと、パパとママに当たり前のようにやってもらっていることだらけでした。パパとママがいてこそ今の私がいるんだと感謝の気持ちでいっぱいです。

今日からはやってもらうことが当たり前だと思わずに感謝の気持ちを忘れずに過ごします。そして積極的にありがとうと伝えたいです。バイトを始めたらお金を家にも入れようと思うし、たまには夜ご飯の準備や片付けも手伝おうと思います。この作文も賞がとれたら賞金は全部渡すつもりです。そうやって少しずつ二人のようなスーパーマンになりたいです。

私の自慢のパパとママにとって、自慢の娘になれるように勉強も遊びもお手伝いも学生会も全力でがんばります！二人の頼れるスーパーマン今までありがとう、これからもよろしくね！

親愛なるお父さん、お母さんへ

高校二年生　戸谷　陸愛

お父さん、お母さん、私を生んでくれて、今まで愛情をたくさんそそいでくれてありがとう。中学生の頃私は本当に学校に行きたくなくて、休もうとしたことがたくさんありました。心細くて苦しくてどうしたらいいのか分からない、そんな日が多くあった時期でした。

そんな時お母さんがよくギュッと抱きしめてくれましたね。お母さんのハグって不思議なもので、抱きしめられるとどんな状況でもすごく安心してしまうのです。母体の中ってこんな感じかなって思っていました。私はこの何気ないハグにすごく救われていました。今でもお母さんのハグは魔法のように安心できます。あの時何か否定したりするのではなく、心に寄り添ってくれてありがとう。

そして学校に行く直前で泣き出してしまったある日、お父さんが学校まで一緒にきてくれましたね。すごく心強かったし、嬉しかったです。私に勇気を与えてくれてありがとう。あの日行って本当に良かったです。私はお父さんとお母さんにたくさん救われ毎日元気をもらっています。

今年で私は17歳。きっとこれからの人生でもっと大変なことがたくさんあるでしょう。でもお父さんお母さんにもらった愛が私にはあります。頑張って乗り越えていきます。

お父さん、いつも遅くまでお仕事お疲れ様。お母さん、家事にお仕事お疲れ様。私と向き合ってくれて、支えてくれてありがとう。私にとって世界一かっこよくて素敵なお父さんとお母さんです。あなた達の娘として生まれてこられて本当に幸せです！

大好きなお父さん、お母さん、これからもよろしくお願いします。

感謝とこれから

高校 三年生　木目 祐基

両親は僕にいろんなことをもたらしてくれた。日々生活する上で一番一緒にいる時間が長い存在。その長い時間の中で沢山僕を支え、愛してくれた。アプローチの仕方は父さんと母さんそれぞれで、いい思い出となった。

まず、母さん。母さんは一人っ子の僕に寄り添ってくれた。小さい頃からそのようであり、明日持っていく物の準備、児童館へ行って夕方までの遊び、また歯磨きだって小学生に入ってもずっとしてくれた。僕が大けがした時もすぐかけつけてくれた。とても心配性さんだが、今思うと嬉しかった。僕が学校へ行くとき、今でも見送ってくれる。沢山話もしてくれて、尽くしてくれる優しい母さんだ。

そして、父さん。父さんは僕が遊んでいるときもお仕事で頑張ってくれた。小さい頃は感じていなかったが、今では「ありがとう」という感謝が出てくる。帰ってくるのが夜九時くらいで忙しいにもかかわらず、お土産に三個入りのプリンを買ってきてくれる。先日も買ってきてくれた。日頃はなかなか喋ることが少ないが、ゴールデンウィークや正月のような休日には近くの公園に連れていってくれる。男水入らずサッカーやバドミントンをするときは楽しかった。遊んでいる間、持ってきたお菓子をカラスに持っていかれたときは、驚いて一緒に笑ったりした。普段は僕たちのために働き、遊ぶときは遊ぶ父さんだ。

今まで僕は多く支えられてきた。また傷つけてきたかもしれない。負担をかけたかもしれない。これから僕は大人になり、小さいときに出来なかったこともできるようになる。そんな僕が両親に対してできること、それは今までしてくれたことを返すことだ。皿洗いや洗濯、仕事するなど挙げればきりがない。十数年、両親は僕を育て、愛してくれた。だから愛された分、しっかり愛したい。両親が今までしてくれたように。

私ができる親孝行

中学校二年生　神井 佑恩

天の保護を受けて、恩恵に感謝する人になる。これが、私に「佑恩」という名前をくれた両親の願いです。私達の年代は世の中で「思春期」といわれており、親への反抗が最も多くなる年代でもあると感じています。私もその中のひとりです。なかなか素直になれず、ついカッとなって口答えしてしまう…。なんてことはよくあります。親への感謝の気持ちも自然と言葉に出さなくなってきました。それなら、反抗期を迎えたら、親孝行はできなくなってしまうのか…。そんな疑問が浮かんできました。親を大切にして、よく尽くすこと。それが親孝行の意義です。今の私とはかけ離れているようなことで、不安になりました。今まで、憧れの先輩や先生方から聞いてきた話の中で一番といっていいくらい、「親孝行をしよう」と言われてきました。とても大切なことだよ、と。でもどうしたらいいか分からず、遠回しに考えていました。

そんな時ふと私の「佑恩」という名前の意味が頭の中に浮かび上がりました。親から受けた恩恵に感謝する。こんな事でも一つの親孝行になるんじゃないかなと思いました。私が生まれた瞬間から今日まで私に尽くしてくれている親からはたくさんの恩恵を受けています。毎日の感謝を「ありがとう」という言葉に表して親に届ける。そのように続けていたら親を大切にすることもできるのではないでしょうか。もしかしたら、それだけでは親孝行とはいえないのかもしれません。でも今の私に一番必要なことが感謝の言葉を言うことであると感じます。私の反抗期もそうやって乗り越えていけたらなと思います。そして両親の願いであった、天の保護を受けて恩恵を感謝する私になることができたら、きっと喜んでくれるはずです。そのために、毎日必ず感謝の言葉を伝えるようにします。そして、両親の願う私になれるようにがんばります！

ぼくを育ててくれてありがとう

小学校 六年生 小栗 翔真

お母さんへ

いつも、おいしい料理を作ってくれたり、いっしょに遊んでくれたりしてありがとう。お母さんが作る料理は、とてもおいしいです。なかでも、ぼくはお母さんが作るハンバーグがとても好きです。やわらかくてとてもおいしいです。また、お母さんと遊んでいると、とても楽しいです。ぼくは、お母さんとすごろくをするのが好きです。すごろくをしながら、いろんなお話をするのも楽しいです。ぼくを産んで、育ててくれてありがとう。また、ぼくだけじゃなく、妹、お姉ちゃん、お兄ちゃんを産んで育ててくれてありがとう。おかげで、毎日、家族みんながとても楽しく暮らしています。これからは、お母さんの手伝いをたくさんして、お母さんを楽にしていきたいと思います。

お父さんへ

いつも、たくさん働いてくれたり、いろんなお話をしてくれたりありがとう。お父さんが働いているおかげで、家族みんなが行きたいところに行けたり、食べたいものを食べたりできます。ほとんど毎日、働いているので、たくさん大変なことがあったり、苦労があったりするけど、家族のために働いてくれてありがとう。これからも、応援しています。

また、お父さんとお話するのもとても楽しいです。お父さんが話してくれる、最近流行っていることや、スポーツのお話などは、全部とてもおもしろいお話ばかりです。いやな気持ちの時でも、お父さんのおもしろいお話をきくと、いい気持ちになります。これからもたくさん、おもしろいお話をきかせてください。これからは、お父さんの手伝いをたくさんし、お父さんを楽にしていきたいと思いました。お母さん、お父さんいつもありがとう。

2022年度　受賞作文

父母への感謝の手紙

高校三年生　金光 柊介

お父さん、お母さん、今まで僕を育ててきてくれて、ありがとう。今、これまでの十七年を振り返って思い出すことは、やっぱり、愛されたという記憶です。小学生くらいまでは、好きなこと、楽しいことばっかりやらせてくれて、ただただ楽しかったです。だんだん大きくなって、やりたいと思うことも増えてきた時、ちゃんと向き合って助言をくれて、でもダメだと言われた記憶はないです。中二から野球することや高校を決めるのも、僕の気持ちを尊重してくれてありがとう。今考えると、それは僕を信じてくれていたからなんだと感じます。小さい頃からすぐ怒って兄に意地悪ばかりして、全然言うことを聞かなかった僕に対して、何度でも、「兄を大事にしなさい。人に手を出したり、物に当ったりしないようにしなさい」と、同じことを繰り返し教えてくれました。お母さんがそうやって厳しく怒って落ちこむ時は、お父さんが優しく声をかけてくれて、気持ちを確認したり、自分の子どもの頃の話を聞かせてくれたりしたよね。怒られるのは嫌だったけど、その根底に、お父さん、お母さんの、僕を信じる気持ちと、愛する気持ちがあったから、素直ではないなりに教えられたことを吸収してきました。そしてその何度も怒って教えられてきたことがどれほど重要なことかを、今になって感じています。

色々なことを経験してきて、今僕は、世界中の人々の幸せをつくる人になりたいと思い色々なことに挑戦しようとしていますが、その根にあるのは、お父さんお母さんから愛されるような幸せをすべての人に感じてほしいという思いと、お父さんお母さんが信じてくれているという自信です。これからも、自分の道を真っ直ぐに進んでいきたいし、お父さんお母さんのように、自分の子どもを信じ、愛する親になりたいです。ありがとう、これからも、よろしくお願いします。

18年間のありがとうを込めて

高校 三年生　戸谷 陸愛

言葉にするのはちょっぴり照れくさいけれど、18年間のありがとうを込めて、大好きな二人にお手紙を書きます。今まで色々なことがありましたね。三人兄弟の末っ子として生まれた私はかなり甘やかされて育ってきたように思います。大変だったことも沢山あるでしょう。でもどんな時でも私のためを思って接してくれていたこと、知っていますよ。

『みっちゃんはいい子ちゃんだからね』『みっちゃんは宝物なんだよ』と、ハグをしながらおまじないのようによく昔からよく言ってくれましたね。その言葉がどれほど嬉しかったでしょうか。私は二人が大好きでたまらないのです。それはこれからもずっと変わることはないでしょう。

そういえば、弱虫な私は事あるごとに二人に泣きついてきたように思います。前に『このままじゃ私、一生家を出られないや』と話したことがありましたね。

でもこれから社会の一員として責任のある立場に立つようになったら、そんなことは言っていられなくなってしまうのでしょう。いつも心配かけてごめんなさい。でも私は大丈夫です。人生に「絶対」はないけれど、社会に出て、立派な大人の一人としてきっとうまくやっていきます。どうか心配しないでください。まだ学生だから守ってもらってばかりだけれど、私も二人を守れるように頑張りますからね。その日を楽しみにしていてください。

二人の子供として生まれて、世の中にあふれる美しいもの、温かいものにたくさんふれてきました。二人が大好きな音楽や本の知識を私にも教えてくれましたね。まだ生まれてから18年しかたっていないけれど、本当の幸せって、人と関わりあって心から豊かであることなんじゃないかなって思うようになりました。父がいて、母がいて、姉と兄がいて、みんなで笑いあって、温かい料理を食べることができる、行ってきます、おかえりなさいの挨拶がある、小さな幸せが沢山沢山。私、今とっても幸せです。二人の子供であることも、これからもっと広い世界に関わっていけることも嬉しくってしょうがないのです。私を生んでくれて本当にありがとう。ずっと大好きです。世界一幸せな娘より

お父さんへの手紙

高校一年生　古長 弥恩

私には父の記憶がありません。なぜかというと、私が1歳のときに父が亡くなったからです。もちろん小さい頃から、友人や、街中で見る人たちが、お父さんと一緒に歩いていたり、お父さんの話をしていたりする姿を見ると、うらやましく、さびしい思いをしてきました。でも、なぜか分からないけれど、父を感じながら過ごしてきたことも事実です。なので、この機会に父に手紙を書こうと思います。

お父さんへ

私が生まれたとき、どう思った?ぜひそのときの感想を聞いてみたいです。

私、お父さんの記憶はないけれど、お母さんからお父さんの話を聞くことがとても好きだよ。それと、お母さんから、お父さんの似ているところを聞くととても嬉しいよ。お父さんがいつも、いつも、見守っていることをよく感じているからね。

あの世にいったら思いきりぎゅうっと抱きしめてもらいたいな。それから、いろいろなところへ手をつないで一緒に行きたい。お父さんが大好きなお刺身も一緒に食べたいな。お父さんとお母さんと私の三人で家族旅行にも行きたい。でも、お母さんがさびしがっているから、二人きりでデートしてきてもいいよ。ただ、いつもデートばかりだと私、お母さんに焼き餅を焼いてしまうかも…。

お父さん、今まで私を見守ってきてくれてありがとう。まだまだ、心は成長できていないけれど、頑張ります。これからも、温かく見守ってください。

お父さんの愛する弥恩より

受験期に感じたこと

高校一年生　榎本萌花

私は今年から高校生になります。中学校三年間は高校受験に向けて一生懸命頑張ってきました。特に中学三年生の一年間はしんどい時が多かったけれど、両親や兄弟の支えがあったからこそ乗り越えることができました。

中学三年生になってから習う内容が難しくなってきて、思うように成績が伸びず悩んでいました。その時に両親が、塾に行ってみるのはどうかと提案してくれました。塾に行くようになってからは苦手だった英語の長文もすらすらと読めるようになって、すごく嬉しかったです。塾に行くのにすごくお金がかかることは知っていました。だからこそ両親に感謝し、努力することができました。

家で勉強することも多くなっていきました。過去問を解いたり英語のリスニング問題を解く時には「ちょっと静かにしてほしい」と頼むことが多くなっても、家族みんなテレビを消してくれたり、静かにしてくれたりと協力してくれました。

このようにたくさん協力してくれた両親に対して、一番行きたい高校に合格することが今できる精一杯の親孝行だと思いました。

　そして合格発表の日、自分の番号を見つけることができてとても嬉しかったです。真っ先に両親に連絡すると、自分よりも喜んでくれました。両親が仕事から帰ってくると、よく頑張った、よく頑張ったと喜んでくれました。

　合格できた時は最高の親孝行ができたと思っていましたが、合格した高校に行くことができるのも、神様や両親がたくさんの愛を与えてくれているからだと思います。これからは自分からも神様や両親に親孝行で感謝を伝えていけるようにしたいです。

愛に溢れた私の家庭

高校 一年生 柴田 祐成

私は中国人の母と、日本人の父との家庭で育ちました。

私の母は、いつも私を優しく守ってくれます。小さな時から、よく鼻血を出す私に夜中まで付き添ってくれました。暑い夏の夜に何時間も鼻血が止まらない時は、横にいて団扇で扇いでくれたり、保冷剤でおでこを冷やしたりしてくれました。そのような心労の絶えない中で、私を優しく見守ってくれた母に、本当に感謝しています。

私は中国の母とたくさん会話をしていたにも関わらず、私は全く中国語を話すことができません。なぜなら私の母はあまりにも日本語が流暢だからです。また、韓国人の祖先を持つ母は，韓国語もペラペラです。

３カ国の文化を受け継いだ私の母は、日本料理、韓国料理、中国料理の腕も一人前です。そして家では当たり前のように母と生活していても、海外旅行の時に途端に旅行ガイドのようになる母を見るたび、母の逞しさをひしひしと感じます。

私の父は、とても温和でそっと背中をささえてくれる存在です。それを特に感じたのは高校受験期でした。進路に対して不安を持つ私をいつも励ましながら、私が苦手な社会科の勉強を教えてくれました。

父は遅くまで仕事をしているのに、長期休暇の時、家でなかなか動こうとしない私に、昼食を作ってくれました。

中国から来た母の文化を理解して大黒柱として家庭を支えてくれたことも、本当にすごいことだと思います。

このような両親に育まれて私が思うことは、親こそが自分を一番愛してくれる存在だということです。学校にいても、友達と居ても、やはり両親の愛に溢れた家庭ほど恋しいものはありません。

私にこんな居場所を作ってくれる両親のために、これからはいつどんな時でも親を想い、親孝行をする立派な人になりたいです。

親孝行

高校三年生　牧瀬　媛花

私はこれまで本当にたくさんの愛を親から受けてきたなと感じます。私の家庭は決して裕福ではなくどちらかというと貧乏で、ケンカばっかりしてもいたけど、すぐにみんな笑顔になっているような家族でした。両親、特に母は幼い時から公園や水族館、プールなどによく連れていってくれて、たくさんの楽しい思い出を作ってくれました。また、私が悪い事をしたらしっかり叱ってくれました。母は叱る時になぜ悪かったかまで言って教えてくれるので、反省して自分を改めて直すことができ自分の成長につなげることができたと思います。今の自分がいるのは母のお陰だと思っています。また、父は、約三年前の事故の後遺症で運動ができなくなるまでは、土日にスポーツをするのに付き合ってくれたり、私と弟がしていたくだらない遊びに、文句を言わずに付き合ってくれたりしました。また、私の高校受験のときに受験情報をいろいろ教えてくれて心の支えになってくれました。そして何より家族の為に毎日過酷な仕事を頑張ってくれてありがとう。お父さんのお陰で毎日生活できています。

これまでずっといろんな面で支えてくれてありがとう。自分の気分によってお父さん、お母さんに当たってしまったり、傷つけてしまったりしてごめんなさい。これまで支えてもらった分いつか必ず親孝行するので私が立派に成長するまで待っていてください。これからもお手伝いをしてちょっとずつ感謝の気持ちを返していけるよう頑張ります。

親からたくさんもらった愛

高校 一年生 松尾 咲希

私は、小さい頃から、親に愛されている実感がなく生きてきました。「愛」という言葉はよく耳にしていましたが、どういう意味があるのか分からず、私は誰に愛されているのか知りませんでした。

小学生の頃、私はよく親に褒められていました。字がキレイにかけるようになったら「すごいね」とか、「上手」などと声をかけてもらっていて、とても嬉しかったです。毎日褒められたいがために、いろんなことに挑戦し取り組んできました。また、興味があったり分からないことがあったりしたらすぐに聞いて解決できるようになっていました。

中学生になると、自然にお手伝いをするようになっていました。小学生の頃少し教えてもらっていたので、あまり苦痛になりませんでした。お手伝いはやりがいがあるからです。

保健の授業の時、子供は二人の親から産まれるというすばらしいメカニズムを学びました。その時私はとても感動しました。私は今まで育ててきてくれた親のことをあまり真剣に考えたことがなかったので、その時から私は、今までの私は全て親の愛によって育てられていたんだなと思い涙が出てくるぐらい感謝の思いでいっぱいになりました。友達と話していてよく「お父さんが嫌い」とか「うざい」などという言葉を友達が使っていたので、とても信じられない気持ちでいました。親を罵倒することは、自分の存在を否定することになるので、この人たちに教育しないといけないと強く決心するようになりました。

これから私は、神様の愛と親の愛に常に感謝して生きていきたいと思います。今までたくさん愛して下さった親にたくさん親孝行をし、日々の生活や態度を通して愛を表現していきたいです。また、イライラしたり腹が立つようなことがあっても、神様なら親ならどのようにして乗り越えていくのだろうかを考えて、もっとすばらしい一歩成長した自分になりたいと思いました。そして、親の愛が分からない人たちに教育できるように、もっとたくさん愛について勉強していきます。お父さんお母さん、永遠に愛しています。

孝

高校二年生　中田愛

私は、「孝」という字が好きです。それは、私が小さい頃から父母の愛を感じており、大きくなった後で父母にお返しして孝行したいからです。

生まれてから今まで、私は父母から、物質面での支援、身体面、精神面での世話を含め、色々とお世話になってきました。たとえば、母は毎日私に美味しい食事を作ってくれ、父は私の学費を支払ってくれるなどです。父母は私が病気になった時、私のそばで私を見ていてくれ、回復するまで付き添ってくれました。身体面の世話だけでなく、精神的な支援もしてくれます。父母は私が悲しんで、気分が落ち込んでいる時、私の話に耳を傾けてくれ、心配して慰めてくれるので、私の気持ちはすぐにいつもの状態に回復します。父母の思いやりと愛情の中で精神的に回復することは、私にとって、最も助けになります。私の心はとても脆弱で、いつも大変落ち込みやすいので、これは父母だけができる思いやりだと思います。

私の心を父母によって何度も癒してもらいました。たとえば、私の性格は内向的で恥ずかしがりで、他の人に話しかけることができないので、小学校に進学してから、私はいつも一人で教室にいて本を読むか教科書を復習していました。初めは、私は自分が問題のある人なのではないか、クラスに友達のいないのは悪いことではないかと心配でした。しかし、ある日、父母が私に、そこで友達がみつからなくても大丈夫だよと、しかも、あなたはとても礼儀正しいし、中国語も良く勉強できているので、安心だし満足している、あなたが健康で無事に生活できていれば、とてもうれしい、と言ってくれました。

この言葉を聞いて、私はとても感動しました。これは、今まで、私が人間関係で行き詰った時、いつも思い出す言葉で、この言葉は私を慰めてくれる最も優れた良薬です。父母もきっと自分の子供に対して理想を持っていると思うのですが、父母は私に何をしなさいと強制することなく、私の健康に気を遣い、私の健康を最も大切に考えてくれます。私たちに平等に対応し、私の意見を尊重してくれます。私は、これは一種の思いやりの表現であると感じ、父母にお返ししたいと思わされるのです。

このように、私はいつも父母の静かな愛を受けていますので、私が大きくなったら、必ず全力で倍にしてお返しします。父母と一緒にいて守ってあげるだけではなく、父母が無事で過ごせるように努力します。孝は、言葉で言うだけでなく、身をもって努力し実行し、よく行うものです。

仕事ができるようになったら、父母の願いを実現し、父母の行きたいところに連れて行ってあげて素晴らしい想い出を作ってもらいたいです。私が代わって父母を援助し、父母に無限の援助と愛を与えようと思います。

孝

高校 二年級 中田 愛

我喜歡「孝」這一個字。那是由於我從小就感受到了父母親的愛，而我長大後想要回報，孝順他們。

從出生到現在，我感受到了父母親各種的關愛，包含物質面的支援，身體的照顧與精神面的。像是母親每天幫我做可口的飯菜，父親為我繳學費等。他們也會在我生病時，在我的身旁看著我，陪我恢復。不論是在身體方面的照顧，和精神上的支持，他們在我傷心，氣氛低落時會傾聽我的話，費心安慰我，所以我的心靈馬上就恢復到往常一樣。在父母的關愛和感情裡，精神的恢復對我來說最有幫助，因為我的心靈很脆弱，經常會感到極度難過，並且，我認為這是只有爸媽能展現的關愛。有很多次，我的心被爸媽療癒。例如：我的性格較內向害羞，不太敢和其他人說話，升上小學後，我幾乎都是一個人在教室讀書或是溫習課文。一開始，我擔心自己是個有問題的人，在班上沒有志同道和的人是件壞事。但是，有一天，爸媽對我說：

在這裡找不到好朋友也沒關係。而且，你有禮貌，也能好好學中文，所以，我們已經感到安心和滿足了。只要你健康和平安的生活著，我們就很開心。這些話令我非常感動，這也是到現在我在人際關係上感到壓力時會想起的話，這些話就是安慰我的最佳良藥。我相信，他們也會對自己的孩子有理想，但他們沒有逼迫我做什麼，而是會關心我的健康，把我的健康放在第一重要的位置上。我感到，他們在平等的對待我們，也尊重我的意見。我認為這是種關愛的表現讓我想回報他們。

像這樣，我時常感受到父母親無聲的愛，因此，長大的我一定會用力加倍回報他們。除了用盡一起努力陪伴和守護他們，讓他們平平安安。孝，除了用說的，就是要身體力行，好好去做。有工作能力的我，希望能實現他們的心願，帶他們去想去的地方，留下美好的回憶。換我支持他們，給他們無窮無盡的支持和愛。

私のお父さんお母さんに感謝します

高校 三年生　趙 婉妤

あることわざに「一滴の水の恩を湧き出る泉で報いる」とありますが、父母の私たちへの投入は決して「一滴の水」どころではなく、大海原にも匹敵するものです。そこで、私は特別な日だけ父母に感謝するのではなく、日頃から父母に対する感謝の気持ちを表さなくてはならないと思います。

私の家庭では、お父さんはずっと私の前進を促す役割で、私の記憶の最初から、お父さんは私の人や世間に対する接し方をとても重要なことだとして、私に自ら体験し実行できるように努力させました。小さい頃の私はお父さんが何を言っているのか全く理解できず、いつもお父さんが私を責めているように感じ、私は心の中で秘かにお父さんを恨んでいました。大きくなってから、私は、ようやくだんだんとお父さんが私の責任感を育てようとし、更には私が自分の決めたことに責任を持てるように願い、併せて今の時をしっかりと把握して、時間を有効に使い、自分の内面を充実させようとしていたことがわかりました。私が大きくなった後で、このようなお父さんの心配りや苦心と背後の苦労がやっとわかりました。

私のお母さんは、家庭で協力する役割です。日常の家事はすべて母親によって切り盛りされています。母は黙ってそばで協力し、私に賛同し、私のためにすべての細かな事を準備してくれます。成績に対して、母は決して特別な要求はせず、私が正しい価値観を持つことを重視し、更に私が自分で考えることができ、義理人情のわかる人となることができるように願っています。

小さな頃、いつもお父さん、お母さんが私にしてくれるすべては当たり前のことだと思っていて、何のためらいもなく平気で父母の保護や世話を受けていました。私が小学生の頃、お祖母さんが私を「菩提子」という仏教文学の育成講座に連れていってくれ、そこで私は感謝の心を持って父母の気持を理解しなければならず、父母の世話をし、父母に孝行をする責任を持たなければならないことを学びました。私は、講座で勉強した内容を実践しようと、感謝の心を持って父母の気持ちを理解しようとしました。実際にそれを実践した後、父母が喜んで感動しているのを感じ、自分が本当に大きくなり、父母も本当に心から私を認めてくれたことを感じました。

ありがとうと言うことは、何も恥ずかしいことではありません。大声で父母への感謝の気持ちと育ててくれた恩を表わすべきです。そして父母に、私たちは互いに尽くし合うのであり、決して父母からのみ尽くしてもらうものでないことを知ってもらいたいです。

感謝您，我的爸媽

高校 三年級 趙 婉妤

俗話說「滴水之恩，當湧泉相報。」更何況父母為我們付出的不僅是「一滴水」，而是一片汪洋大海。因此我認為並不是只有在特殊日子才要感謝父母，而是平時就要表達對父母的感恩之情。

在我的家庭裡，爸爸一直是督促我前進的角色。從我開始有記憶起，爸爸都把我待人處世的態度看得很重要，並要我身體力行。小時候的我根本不理解爸爸在說什麼，總覺得爸爸在責備我，我因此在心裡偷偷埋怨爸爸。長大的我，才漸漸明白爸爸是要我培養責任心，更希望我能為自己的決定負責，並且要好好把握現在的時光、善用時間，充實自己的內在。這些都是在我長大之後，才明白爸爸的用心良苦及背後的艱辛。

我的媽媽在家庭裡扮演著輔助的角色。日常的家務事都依靠她來打理。她總是默默的在一旁支持，贊同我，為我準備好一切細節。對於成績媽媽並不會特別要求，她注重的事我能有正確的價值觀，並希望我能成為一個能獨立思考，且懂得人情世故的人。

在小時候，總覺得爸爸媽媽為我做的一切都是理所當然，心安理得的享受著他們的安排及照顧。在我小學的時候，奶奶送我去一個叫做「菩提子」的佛教文學培養營，在那裡我學會該懷著一顆感恩的心去體諒父母，應該擔當起照顧及孝順父母的責任。我將上課學到的道理實踐，真正抱著感恩的心去體諒父母。實際做完之後，我感受到父母的喜悅及感動，讓我覺得自己真的長大了，他們也真正打從內心的認同了我。

說謝謝並不是一件害羞的事，應該要大大方方的表達父母的感恩之情及養育之恩，讓他們知道我們是雙向付出的，並不是只有他們單方面的付出。

私のお父さん、お母さんに感謝します

高校 三年生　梶田 桃李

私のお父さん、お母さんに感謝します。私が生まれてから今日まで、私にくださったすべてに感謝します。私の勉強のためにとても熱心に多くの金銭と時間を費やしてくれて、私に英語、中国語、音楽の楽器を学ばせてくれて、たくさんの本を買ってくれました。今、私が持っている教養知識や勉強が好きなことは、すべてお父さん、お母さんの協力のおかげです。私は今後も継続して勉強し、知識と教養を身につけますので、私の教育に継続して協力してくださり、私は努力して喜んでもらえるよう願っています。

お父さん、お母さんは、毎日、私と妹のために豊かな三食を準備してくださり、冬は暖かく夏は涼しい家に住まわせてくださり、と言っても私たちの家は永遠にとても暖かいですが、でも小さい頃はそれが当たり前のことだと思っていました。

中学の頃はまだ、父母は私より妹のほうが好きなのではないかと気にしたりして、本当にバカなやつでした。今の私は、父母が毎日私たちの為に尽くしてくださることは、決して当たり前ではないことを知っています。お母さんは、悪いことがあったり、悩んでいたりする時、いつもたくさんの時間を費やして私の話に耳を傾けてくれます。もし問題が私自身にある場合、意見がかなり違っていて、私はすぐには賛同できず、ずっと自分の意見を主張しますが、実際にはいつもお母さんの話す話をきちんと聴いていて、黙って心の中に置いています。私は、お母さんが私の事を心配してくれて、私の為に時間と心身を費やし苦労を厭わないことを知っています。お父さんは、毎日私を学校まで送ってくれ、私がどこにいても必ず私を車で迎えにきてくれます。春夏秋冬、どんなに苦労があっても忙しくても、私のことを最も大切に思い、私のために一つ一つのことを考えてくれます。

お父さん、お母さんと私は、直接「愛しています」と言いませんが、私は、お父さん、お母さんの心からあふ

れる愛、犠牲の愛を深く感じることができ、私はこの家庭に生まれてきたことを本当に幸運で幸福だと感じています。最後に、お父さん、お母さんが私と一緒にいてくれて、私を教育し、私を健康で無事に今日まで過ごせるようにしてくれて本当に感謝します。この感謝の気持ちは永遠に変わることがありません。私は、お父さん、お母さんを愛しています。

感謝您，我的爸媽

高校 三年級 梶田 桃李

感謝您，我的爸媽，我感謝所有從我出生前到今天，你們給我的一切。你們對我的學習很熱心，為我付出很多的金錢和時間，讓我學英文、中文、音樂樂器、也買給我了很多書。現在我擁有的教養知識和對學習的喜好，都是因為有你們的支持，我以後也會繼續學習，培養知識和教養，希望爸媽可以繼續支持我的教育，為我的努力感到開心。

您們每天讓我和妹妹準備豐盛的三餐，不論冬暖夏涼，我們的家永遠那麼溫暖，但小時候我把這些都當成理所當然。中學的時候還在意爸媽是不是比我喜歡妹妹，真是個小笨蛋！現在的我知道，爸媽每天都在為我們付出，而我擁有的這些絕對不是理所當然的。媽媽，我遇到壞事的時候，有煩惱的時候，您都會花很多時間傾聽我心裡的話。如果問題在我身上，意見多有不同，我不會馬上贊同您，會一直主張自己的意見，但其實我每次都聽進您說的話，默默地放在心底。我知道您是在擔心我，為我花時間和心力，不辭辛勞。而爸爸，您每天都會送我到學校，不管我到哪裡，您都會堅持開車接我回來。不論春夏秋冬，不論再苦再忙，一定會把我放在最重要的位置上，為我考慮每一件事。

雖然您們和我，不會直接說出「我愛你」，但是我能深深的感到您們發自內心的愛、奉獻的愛，我出生在這個家庭，真的很幸運也很幸福。最後，真感謝爸媽陪伴我，教育我，讓我健康平安的活到今天，這份感恩的心是永遠不會改變的。我愛您們。

父母を敬い孝行する

高校 三年生　清川 晴美

日本では今年の4月から成人年齢が18歳に下がります。これは、私が二か月後には自由の身になることを意味しています。そのほか、これはまた、私が父母の羽のもとにいる時間があと二か月しか残っていないことを表しています。二か月後に、父母は私の行動をじっと見ている必要も私に責任を持つ必要もなくなります。

年齢が増えるにしたがって、私はますます私の父母が非常に素晴らしいと感じています。私は私の父母が私の父母であること、私がこの家に生まれたことを幸いなことだと喜んでいます。世界中で多くの父母が、子供たちと親密に親子行事に参加したり交流したりすることがありません。しかし、私たちの家は違っていて、父母はいつも私を連れて各地に遊びに行きますし、私がしたいことに協力してくれますので、このような環境のもとで成長できて、私は幸せ者です。同時に、私は父母がいかなる代償も惜しまず、私の為にこのような環境を作ってくれて私を幸せで健康に成長させてくれて、父母にとても感謝しています。

私の父母はこれまで一度も私に不合理な事をしたことがなく、私に過大な要求をしたこともありません。例えば、試験に合格しなくても、父母は私を叱ることはなく、ただ私に「勉強は自分の為にするもので、その結果は自分が責任を持つものだ。」と言います。このように、父母が私に対する要求は適度で、要求はすべて私が負担できる範囲です。そのほか、私が欲しいものは、父母はすべてかなえてくれます。そのうえ、私の父母は私の努力と投入を誉め、私が望んだものは、もし父母が可能な場合は、私に買い与えてくれます。

何の疑いもなく、私は父母に溺愛されて大きくなりました。私の父母は以前から現在に至るまで、ずっと私を良く世話してくれて、これまでずっと過保護の傘を出なかったのです。ですから、私は大学に入学するのに合わせて独立し一人で生活する機会を得たいと思います。しかし、私は過渡期のような時間に何かをして自分を成長させることが必要だと思いました。それがつまりアルバイトです。高校三年生になった後、私はレストランでアルバイトを始めました。いつも食器を洗い、若干、人間関係の問題もありましたが、この経験で私は成長できたと思います。

アルバイトを始めてから、私は心底から父母は本当に偉大だと思いました。父がこの家のために、まだ暗いうちから仕事に行き、時には忙しくて朝方に帰ってきたり、時には次の日のお昼に帰ってきたり、朝早く出勤して夜遅く帰宅する生活を送っています。母もまた、毎日朝早く私がまだ寝ている時間に私の為に朝食を準備し、洗濯、物干し等の家事を結婚してから一年また一年と、同じことをやり続けてきました。

司馬遷が「父母は、人、本を知るなり。」と言いましたが、その意味は、父母は我々に生命を与えてくれた、これは人の根本です。父母は私たちに生命を与えてくれたほかに、私たち子女に生命を捧げてくれました。ですから私は父母が私のためにしてくれたすべてのことを私の生涯をかけてお返しする必要があると考えています。父母はいつも、私にただ一つの要求があると言います。それは、「社会に貢献する」ことです。ですから私は仕事を探しやすい大学に入学し、良く父母を敬い孝行を尽くし、父母を安心させたいです。

孝敬父母

高校 三年級 清川 晴美

在日本從今年四月份開始，成人年齡下修至18歲。這意味著我在等兩個月之後就是自由之身了。除此之外，這也代表我能躲在父母的羽翼之下的時間也只剩兩個月了。兩個月之後父母就沒有必要緊盯我的所作所為，並且對我負責。

伴隨著年齡的增長，我越來越覺得我的父母非常的了不起。我慶幸我的父母是他們，我慶幸我生在這個家。因為世界上，有很多父母不會跟孩子參加些親密的親子活動，或者是互動。不過我們家卻不一樣，父母常常帶我到各地遊玩，也會支持我想做的事情，能在這樣的環境下成長，是我的福氣。同時，我也很感謝父母不惜任何代價為我營造出這樣的環境，讓我享受幸福美好，健康的成長。

我的父母從來不會對我做不合理的事情，也從來不會對我有過太多的要求。例如：考試沒考好。父母也不會罵我、只會和我說：「書是要自己念的 後果自己承擔」。像這樣，父母對我的要求適度，要求都是在我能承擔的範圍。另外，只要是我想要的東西，父母都會成全我。並且、我的父母會獎勵我的努力和付出，如果他們覺得行得通的話，他們會買給我。

毫無疑問的，我是被父母寵溺著長大。我父母從以前到現在，一直都把我照顧得很好，我從來都沒有走出過保護傘。所以我要靠著上大學得機會獨立一個人生活。但是我覺得需要一個類似於緩衝期得時間去做點事情，讓我自己有所成長——那就是打工。升上了高三之後，開始在一家餐廳打工。雖然常常在洗碗，有一些人際關係的問題，然而我認為這個經歷可以讓我成長。開始打工之後，我才真正的打從心底覺得父母真的很偉大。父親為了這個家，天還沒亮就出門工作，有時候忙到凌晨才回來，有時候隔天中午才回家，過著早出晚歸的生活。母親也是，每天早上我還沒醒的時候就幫我準備早餐，並且洗衣服曬衣服等家事從結婚後，年復一年，事一樣都沒有落下過。司馬遷說過「父母者，人知本也。」意思是父母給予了我們生命，是人的根本。父母除了賦予我們生命之外，也為了我們子女付出他們的生命。所以我認為父母為我所作的一切，需要用我的一輩子還。

父母經常和我說他們只要求一件事，那就是「對社會有貢獻」，所以我要找一個容易找工作的大學，好好孝敬父母，並且讓他們安心。

感謝の手紙

高校一年生　胡　暁慧

私を今日まで育ててくれた父と母に、感謝を伝えたいと思います。

私は中国にいた頃、祖父母と一緒に生活していましたが、小学校4年生で日本に来て、父母と一緒に生活するようになりました。初めの頃は何も分からなかったので、母は私に五十音図など読み方が全て付記されている多くの本を買ってくれました。母が私に教えてくれていましたが、授業が始まり小学校5年生に上がると、学校でも何も分からず、家に帰るとまず自分で復習し、父の帰りを待って聞くようにしていました。頑張って繰り返していくうちに、少しずつ理解できるようになっていきました。

中学生になると、私の日本語は徐々に上達し、多くの新しい友人もできました。家では父が数学、母が国語の家庭教師になってくれました。理解できていないところは自分でも調べ、国語の授業で読めなかった字があれば、帰ってから両親に聞いていました。両親はいつも、「お前のためだから」と言います。私は両親の気持ちは分かっていましたが、あまり聞きたくない言葉でもありました。そんな努力の甲斐あって、遂に高校に合格しました。

私の夢は、医者になって患者さんの病気を治し、元気にしてあげることです。医学部のある大学に進みたいと考えています。これからの輝く未来のために、私はもっと勉強しなければなりません。医者になるためには数学が必要なので、さらに頑張って数学を勉強します。

今の私があるのは、父と母の励ましがあったからです。将来お金を稼ぐようになったら、両親に良い暮らしをさせてあげ、海外旅行にも連れて行ってあげたいです。両親をちゃんと支えて、もう幼い頃のように聞き分けなく両親を怒らせたり、癇癪を起し

たりはしません。

両親も年老い、身体も昔のようには動かなくなってきました。私は今すぐにでも良くないところや悪い習慣を直し、親孝行できるようになって、もう子供じゃなく立派に成長した姿を見せたいと思います。

感谢信

高中一年级　胡　晓慧

感谢爸妈一直以来的照顾，让我有了今天。

在中国的时候我是和爷爷奶奶一起生活的。在小学四年级我来到了日本和爸妈一起生活。刚开始的时候我什么都不懂，妈妈给我买了很多书，是关于五十音图的。里面有发音怎么读都标上了。虽后妈妈就开始教我，开学了以后我上小学五年级在学校也是什么都不懂，回到家以后我是先自己学了一会儿等爸爸回来了以后不会的都问了一下。一直持续了很久我渐渐学会了。到了初中，我的日语变得越来越好了。认识了很多新同学。在家我的爸爸负责教我数学，我的妈妈负责教我国语。不会的我就自己也查。在国语课上不会读的字我都回家问爸妈。

我的父母老说，「为你好」这个词。我知道但我很不愿意听。我努力了很久终于，考上了高中。

我的梦想是当医生，给病人治病。让他们都恢复健康。大学我想去关于医学系的大学。为了以后的发展美好的未来。我要多多学习，当医生的话数学是必要的，所以我要多加努力学数学。

我到现在的成果都我的父母督促我给我鼓励。以后我赚钱，一定要给我的爸妈一个特别好的环境，带他们去出国旅游。我要好好照顾他们，不再像小时候一样不听父母的话，不再气父母，不再乱发脾气。

现在 他们已经逐渐变老 身体不如以前了。我希望我能立马改掉坏毛病 坏习惯，老顺他们，让我的父母看到我的成长了，不再是小孩。

「長女」である私の親孝行

中学校 三年生　神井 佑恩

私は、妹、弟のいる3姉弟の長女です。でも私は長女であることを、喜びよりも負担に感じる事の方が多くありました。「お姉ちゃんだから」と2人よりも早い年でお手伝いを任されたり、手本になるような行動をしなさいと何度も怒られたり…。長女である分、いろんな事を損していると感じ、妹弟が愛されている姿を見るのが辛かった時もありました。それでも、妹と弟がとても仲良くしていたり私に笑顔で話しかけてくれる姿を見たりしていると、とてもうれしくて幸せになれる自分もいました。そんな時ふと、この幸せというのが親の心情なのかと思う瞬間がありました。私達の好きなご飯を優先して作ってくれたり、騒がしくはしゃいでいても笑顔で楽しそうに見守ってくれていたりしたお父さんとお母さん。私達の喜んでいる姿は、両親に大きな喜びを与えていたことに気付きました。親を喜ばせる事が一番の親孝行だと聞いたことがあります。私たち姉弟が仲良くする、それだけでも、両親にとっては最高の親孝行になるんだと。今まで長女を負担だと感じていた私は、自分の事しか考えていなかったことに気付きました。損だと考えていたことでも、妹弟のためになる、２人が喜ぶと思えば、いろんな事が受け入れられます。長女である私には、愛すべき2人の妹弟がいます。自分の事よりも２人を優先してもっと愛すること。これが本当の兄弟姉妹の愛なんだと思います。長女として、中心となって兄弟姉妹の愛を築くこと。それが今、私がすべき親孝行です。そんな親孝行が正に、家族を幸せに満ちあふれさせることだと考えました。私は、長女として生まれた事を感謝し、誇りに思い、そんな温かさにあふれた親孝行をしていきたいです。

お母さんへ

中学校 三年生　平田 洪賢

いつも美味しい御飯を作ってくれて、ありがとう。お母さんの作る料理はどれも好きだけれど、手作りの餃子は宇宙一の美味しさだ。これより美味しいものを僕は知らない。歌が好きなお母さんは、よく合唱で歌っているね。小さな頃から聞いてきたからか、僕も歌が大好きだ。僕が音感が良いと言われるのも、お母さん似なのかな。「勉強しなさい！」と口うるさいし、厳しいけれど、僕がいつか学校で同級生に嫌がらせを受けた時には、僕の味方になって一緒に考えてくれてとても嬉しかった。過度の期待は重いけれど、未来の可能性を信じてくれているのは分かっているよ。僕が小学校二年生の時からお父さんが単身赴任で、それからはお母さんが一人で僕達兄弟の世話をしてくれた。時々お母さんが泣いている時があるのを僕は知っている。長子である僕がもっとお母さんを支えていかないと、と思う。お父さんには敵わないけど。去年の九月、僕には弟が生まれた。お母さんにとって、四回目の帝王切開だった。半年経った今は増えた体重を戻そうと格闘している日々だけど、出産直後は歌どころか体を起こすのも辛そうだった。四回もお腹を切るなんて、考えただけでぞっとする。痛くなかったはずがない。元々、僕の出産時に危険な状態になった為に緊急手術をした訳だから、僕のせいでその後も帝王切開をすることになったのだ。でもお母さんは「洪賢が生まれた時、嬉しくて大泣きした。私達夫婦に神様が贈って下さった宝物だと思ったよ。」と言ってくれた。口には出さないが、もっと努力し両親の誇りとなる立派な人になりたいと思う。そして今より年をとっているであろうお母さんに親孝行をしたい。命懸けで僕を産み、育ててくれるお母さん、ありがとう。大好きだよ。

今私ができる最高の親孝行

中学校　一年生　神井　瑞喜

去年の12月、私のいとこが生まれました。生まれた瞬間は見ることができなかったけど退院する時にやっと会うことができました。小さくて、かわいくてミルクのいいにおいがしました。たまにしか会えないけど、会うたびにどんどん大きくなっていて、成長って早いものだなと思いました。私が生まれた時もこんな感じだったのかな、とそんなことを思い、小さかったころの写真を見返しました。すると、1年ずつ年を経ていくごとに背がのびて、かみも長くなったり短くなったりして、顔も少しずつ変わっていました。今私は中学生になって、大人への階段を一段一段のぼっています。中学2年生になったら、韓国へ留学します。その成長のうらで忘れてはいけないのがお父さんとお母さんの存在です。2人は留学を決めた小学2年生のころから今日まで、ずっと応援してくれて私が勉強しやすいように様々な環境を整えてくれました。お父さんは仕事でつかれているのに毎日、韓国語の練習につき合ってくれて、お母さんはいつもおいしいご飯を作ってくれます。気分が悪い時や、いやな思いをしている時は必ず心配してくれて助けてくれるお父さんとお母さん。ここまで目標を持ち続けられたのも2人のおかげです。そんな2人に親孝行したいと卒業間近になり自然とそんな思いがわいてきました。どうしたらいいのだろう、そう思った時に最近生まれた大好きないとこの姿が思いうかびました。赤ちゃんだから、毎日泣いてばかりいるけど、笑った時はみんなに最高の幸せを感じさせてくれます。親が私たちに抱いている心情もこんな感じなんだろうなと思いました。ほかの人から見たら小さなことですが、私を支えてくれる両親の前でいつも笑顔をたやさないでいることが、私ができる最高の親孝行です。

親への感謝の手紙

中学校二年　河原　奈鶴恵

「感謝！　感謝！」これは私のお母さんの素敵な口癖です。その姿を優しく見守るのが私のお父さんです。私のお母さんはパソコンなどの機械が苦手で、「何分話すの？」っていうくらいおしゃべりで。勉強も教えてくれるけど「分からない～」と言われることも少なくありません。でも、中学校の給食を作っているお母さんの料理は、どこのお店よりもおいしくて、家族みんなの心と体が温まります。私はそんなお母さんが大好きです。私のお父さんはパソコンの会社で働いているので、お母さんと違ってパソコンは得意ですが人と話すのは苦手です。お母さんと一緒で勉強を教えてくれますが、質問していないところまで深く踏み込んで別世界に行ってしまうことも。お母さんの作るご飯やお菓子も沢山食べますが、お父さんの幸せそうに食べる姿で家族みんなが癒されます。私はそんなお父さんが大好きです。何でも好きなことをやらせてくれて、ピアノも7年間、今も楽しく続けられているのはお父さんとお母さんのおかげです。今まで育ててくれて本当にありがとうございます。いつもわがまま言ってごめんなさい。こんなわがままな私をいつも愛してくれて本当に嬉しいです。たまに強く当たってしまったり、本当は私の為にしてくれていることを無視してしまうこともあってごめんなさい。本当はお父さん、お母さんが頑張っていること、知ってるからね。だからこれからでもたくさんの親孝行していきたいと思ってます。「両親を感動で泣かせることが一番の親孝行だ」という言葉を聞いたことがあります。これからはいっぱい父さんとお母さんを泣かせるね。私はお父さん、お母さんからの愛を胸に立派な大人になります！　辛くて苦しいことがあって、自分の力では難しく、挫けてしまうかもしれません。でもそんな時はいつものようにたくさん抱きしめてね。いつも本当にありがとう。そしてこれからもよろしくお願いします！

親孝行

中学校　一年　西尾　幸

　ぼくの家は五人家族です。お父さんと、お母さんとお兄ちゃんと弟がいて、ぼくは次男です。お父さんは朝から夜遅くまで働いていて、あまり会えません。お母さんは整体の仕事をしていて、夜遅くに仕事に出る事もあります。そういう時は、ぼくが弟のお世話をしています。でも本当は、夜はお母さんに家にいてほしいです。どうして夜も仕事をするのか、お母さんに聞いてみました。そうしたら「昼間は、あなたが学校に行けると思った時に送っていってあげたいから、学校のない夜に仕事を入れているの。」という答えでした。ぼくは小学校の低学年の頃から、みんなと同じようには学校に行けなくなりました。学校に行くと苦しくなってしまうからです。でもお母さんは、短い時間でも学校は行った方がいい、先生とお話するだけでもいいからと、ぼくの体調に合わせて毎日送り迎えをしてくれます。本当は行きたくないけど、お母さんに言われるから、行っていました。行けば同級生とも時々話せたし、ゲームが好きな先生とも楽しく話ができました。中学生になった今、小学校の事を思い出すと、野外でカレーを作った思い出や、修学旅行の奈良公園で班行動をした事が思い出されます。卒業式でも、みんなの前で決意表明ができた事を、お父さんもお母さんも、とても喜んでくれました。自分だけでは、一日も学校に行けなかったと思うので、毎日送り迎えをしてくれたお母さんに、とても感謝しています。これからも、お母さんは夜に仕事に行く日もあると思いますが、家の事はぼくががんばってやっていきたいと思います。

１枚の時間割表

中学校　一年生　馬　可馨

私の本棚には、１枚の特別な時間割表がずっと貼ってあります。なぜ特別かと言えば、学習や起床就寝時間の他にも、毎日やるべき家事の時間まで書かれているからです。

小学校の高学年になるまで、私は自分がやるべき事は勉強を頑張ることだけだと思っていました。勉強より重要なことはなく、１番を取ることが生活の全てでした。家事というものは、お父さんやお母さんがすること。典型的な「油を入れる瓶（なんでもして貰って当たり前の状態のこと）」で、毎日服を着せてもらい、ご飯を食べさせてもらい、家事のことは意識もせず、ただ一心に勉強をしていました。

私には妹がいます。お母さんは家族の面倒を見なければならず、仕事に行かなければならず、毎日忙しさに振り回されていました。当時、私は私立中学の受験を控えており、尚更勉強にのめり込んでいました。毎日、勉強、勉強、勉強で、家と学校と塾と、勉強を中心とした3つの活動場所を回る日々。ゴムできつく縛られたような、ほっと息をつく間もない日々でした。

去年の夏、小学6年生の夏休みのことです。その日は蒸籠で蒸されているかのように暑く、少し動いただけで汗が吹き出る日でした。私は自分の部屋で一生懸命に勉強をしていました。あと2日で、塾の夏期講習の最後のテストがあるのです。その時は午前の授業が終わり、半日休みが与えられた日でした。でも、休んでなんかいられません。今回は必ず1位を取りたかったのです。前回は、3位だったのでとても悔しく、今回こそはと燃えていました。

そんな時、突然3歳の妹がお人形を抱えて遊んでほしいと入ってきたのです。私はちょうど難問と戦っていたので頭にきて、「出てって！　今勉強してるの！出てって！」と大声で怒鳴り、妹を部屋の外へ追い出すと、扉をバタンと閉めました。妹が大声で泣きながらお母さんの所へ行くのが聞こえました。お母さんが仕方なく妹を傍に居させるのが聞こえました。午後の時間、妹は私の所へは来ませんでした。

数日前から妹の幼稚園がコロナにより休園となり、お母さんも仕事を休んで家で妹の面倒を見るしかありませんでした。長い時間の苦労が崇ったのでしょうか、お母さんは朝から頭が痛く、私はお父さんから出勤前に妹の面倒を見るように言われていました。その時私はほとんど聞きもせず、はいはい、と返事をして流してしまいました。妹が本当に私のところに来るなんて思ってもみなかったのです。夕食後、いつもの様にさっさとダイニングを離れ勉強しに行こうとすると、お母さんに呼び止められました。

「けいちゃん、お母さんから言いたいことがあるの。あなたはいつも自ら勉強でも常に一位になろうと努力して、お母さんはずっと誇りに思ってきたわ。私もお父さんもあなたの勉強を中心に考えてきて、家事の手伝いをさせたこともなかった。今日はお母さんの体調が悪くて、あなたには妹とすこし遊んでもらえればと思っていたのだけど、今日の態度にはがっかりしたわ。勉強はもちろん大切だけど、家族はもっと大切よ。百善孝為先（親孝行は百の善行に勝る）という言葉を聞いたことあるでしょ。私達になにかをしてほしいわけではないの。ただ、正しい考え方をする人間になってほしいと思っているの。あなたは賢い子よ。自分でよく考えてみなさい」

今までこんなに厳しくお母さんから話をされたことはありませんでした。私は部屋へ戻ると、じっくり考えました。確かにとても利己的だったなと思いました。十何年と生きてきて、家族のこと、特にお母さんのことを考えたこともなかったのです。動物ですら孝行、親への感謝を知っているのです。人間なら尚更知っているはずです。感謝の心を知らず、孝行を知らない人間が知識を得たところでなんの意味があるでしょうか。自分の父母にすら孝行できないのに、いったい誰によくできるというのでしょうか。

私はとても恥ずかしい気持ちになり、色々考えた末、特別な時間割表を一枚作りました。勉強以外に、毎日家事の内容を加えたのです。例えば、皿洗い、机拭き、あとは毎日お父さんお母さんと一日感じたことを共有すること、夕飯前に妹と少し遊ぶこと、お父さんお母さんの肩たたきなど。

家での笑い声が増えたことを私ははっきりと感じました。始めは、お父さんお母さんは家事をさせたがらず、その思いがあるだけで十分だと言われましたが、私はあきらめずやり続けました。勉強への影響がないばかりか、逆に毎回家族と話をすると、元気が倍になり、勉強においてもとても良い状態を維持できました。今、私は目標としていた中学に通っています。私は相変わらず努力する生徒です。でもそれだけではありません。お母さんお父さんにとって良い娘であり、妹にとって良いお姉ちゃんです。そして、その全てはあの特別な時間割表のおかげです。

一张作息时间表

初中一年级　马可馨

在我的书房里，一直贴着一张特殊的作息时间表。说它特殊，因为上面除了学习，起床睡觉的时间，还有每天应做家务的时间。

一直到小学高年级，我都一直认为，我的任务就是努力学习，没有什么比学习更重要了，考第一成了我生活中的全部。做家务那都是爸爸妈妈的事情，典型的「油瓶子倒了都不知道扶一下」的角色，每天衣来伸手饭来张口，两耳不闻家务事，一心只读圣贤书。

我有个小妹妹，妈妈要照顾我们一家的生活，还要努力去工作，每天忙得团团转。我那时候要考私立中学，更是眼里心里都是学习，每天学习学习学习，家，学校，私塾，一个以学习为中心三个活动点的生活圆形路径。感觉每天大家都像绷紧的发条一样，永远没有松弛的时候。

去年夏天，也就是我小学六年级的暑假。那天热得像蒸笼一样，稍稍动一下就一身大汗。我在自己的房间里拼命地复习，再过两天就是私塾的夏季讲习的最后考试，上午讲课刚刚结束，下午半天休息。可是怎么能休息呢，这次一定要拿个第一。上次是第三名我自己感觉后悔死了，这次一定要一血前耻。

这时候，三岁的妹妹突然跑了进来，她抱着个娃娃，拉着我要我和她一起玩。我正在和一道难题奋斗的时候，一下子来了脾气，大声吼着她「赶紧出去，我在学习呢，你给我出去。」一下子把她拉到了门外，砰一声锁上了门。我听到妹妹在大声哭着跑去找妈妈了，听到妈妈有气无力地让妹妹去她那里，果然一个下午她也没有来找我。

那几天妹妹的幼儿园因为有疫情病例休园了，妈妈也只能请假在家照顾她。可能是长时间劳累的原因，妈妈早晨开始头晕头痛，爸爸上班前要我照顾一下妹妹，我当时没有听见一样答应一声就过去了，没想到妹妹真的来找我了。

吃完晚饭后，我像往常一样马上离开餐桌想去学习，妈妈叫住了我「小馨，妈妈和你说几句话。你一直都是个自律的孩子，学习永远力争第一，妈妈也一直以此为骄傲。我和爸爸一直以你的学习为重，从来没让你帮做过家务。今天妈妈身体不舒服，想让你陪妹妹玩一会儿，你的表现让我很失望。学习固然重要，家人更重要啊。你听说过啥叫「百善孝为先」，我不期望你为我们做什么，但希望你做个在思想上健全的人。你是个聪明的孩子，你自己好好想想。」

妈妈从来没有那样严肃地和我说过话，回到自己的房间，我想了很久，感觉自己确实是个很自私的人。长到十几岁从来没有为家人考虑过，尤其是妈妈。人说乌鹊反哺，羔羊跪乳，鸟兽都知道孝顺感恩，更何况人呢？一个不懂感恩不知孝顺的人再有知识又能怎么样呢？连自己的父母都不孝顺，能对谁好呢？

我感觉羞愧难当，想来想去自己做了一张特殊的作息时间表，除了学习，每天都加入了做家务的内容。比如洗碗，倒垃圾，擦桌子，还有每天要和爸爸妈妈在饭桌上分享一天的趣事，每天晚饭前和妹妹玩一会儿，给爸爸妈妈捶背……

我明显感觉到，家里的笑声增多了。开始爸爸妈妈不让我做家务，他们说有这个想法就是好的，可是我坚持了下来。这非但没有影响我的学习，相反，每次和家人在餐桌上谈心后，自己感觉动力倍增，学习一直保持在好的状态。

现在，我已经考进自己理想的中学，我仍然是一名努力的学生，不仅如此，我还是妈妈爸爸嘴里心里的好女儿，是妹妹眼里的好姐姐。而这一切，都来源于那张特殊的作息时间表。

両親を敬うことは私から始まる

中学校　一年生　高　睿瞳

中国には有名な昔の詩があります。「小さな草の我が心、春の日差しに恩返しなどと誰が言えようか」（「谁言寸草心，报得三春晖」子供の孝心を一寸の草、春の日差しを親の愛に喩えて親の愛の大きさを表している）。それは母の愛の偉大さと無私無欲を意味しており、詩人が母への感謝の気持ちと母の深い愛に敬意を表した詩です。

両親は私に命を与えてくれただけでなく、私がおぎゃーと生まれた瞬間から毎日24時間、守ってくれました。小さい頃から私の全ての生活の面倒を見てくれました。歩くことを教えて、話すことを教えて、私の成長をずっと一緒に支えてきてくれたのです。どんなに夜遅くても、病気になって熱が出たり、体調が悪かったりするとすぐに病院に連れて行ってくれました。いくつ眠れぬ夜があっても、そんな夜はずっと側に居てくれました。両親は私に不安のない生活を送らせてくれただけでなく、放課後はさまざまな課外活動を経験させてくれ、多くの興味や趣味を伸ばす選択肢を与えてくれました。また、両親は時間と機会がある限り色んなところに旅行に連れて行ってくれ、外の素晴らしい世界を見させてくれました。そして両親は私たちによく勉強するだけでなく、親切で、正直で、向上心を持ち、理想のある人になりなさいと言いました。両親は、子供たちが健康で幸せに成長できるように、多くの時間と心血を、たくさんの愛情を注いでくれるのです。

私は毎日頑張っている両親を見て、自分も大きくなったら、両親のように一生懸命働き、一生懸命に生きる人になりたいと思いました。両親は毎日仕事で忙しく、帰宅もとても遅いです。それでも、家に着いたら子供たちの生活や勉強を気にかけるのです。そんな両親の事を家族の一員として、私も家事の手伝いなど、自分のできる範囲の事をして助けになりたいと思いました。だから両親の負担を減らすために、皿洗い、料理、掃除などの自分にできる家事を手伝っています。私が家族のための小さなお手伝いをすると、いつも母は私が成長して幸せだと言い、両親はとても喜んでくれます。お父さんとお母さんが誕生日の時は、誕生日カードを作って、お父さんとお母さんの誕生日をお祝いし、いつもありがとうという気持ちを伝えます。去年の母の日にサプライズで花を買った時のことを今でもよく覚えています。お母さんにこっそり買ってきた花を渡した時、お母さんは感動して涙ぐみながら写真を撮り、嬉しそうに言いました。「本当に嬉しいわ、私のかわいい娘が花を贈ってくれるなんて」お母さんはとても喜び、写真をモーメンツにアップしてこの喜びを親しい友達にも伝えました。

私は今年中学生になり、自分も大きくなったなと思いました。孔子は言われています。「この身体は髪も肌も全て父母から授かったもの、不用意に傷つけてはならない、それが親孝行の始まりである。立身出世し、名を後世に残すことによって、両親を輝かせる。そうして初めて、親孝行を成し遂げた、ということができるのである。」（「身体发肤受之父母，不敢毁伤，孝之始也。立身行道，扬名于后世，以显父母，孝之终也。」）お父さんとお母さんがここまで育ててくれたことに感謝を表す為にも、もっと自立し、自分を大切にすることを学び、健康で明るく毎日を過ごし、両親に心配をかけないようにするべきです。それから、いつも私を一番側で支えてきてくれた両親に親孝行する為にも、家の事をもっと手伝おう、自分にできる最善を尽くそうと思いました。勉学においても、私たちはより懸命に努力し、自分が頑張れる目標と方向性を見つけ、理想的な大学に入学できるように努力しなければなりません。そして両親のように、自立し、知識も豊富で、能力もある社会に役立つ人になること、私はこれも親孝行をする最も良い方法の１つだと思います。

孝敬父母 从我做起

初中二年级 高睿瞳

中国有句有名的古诗：「谁言寸草心，报得三春晖。」歌颂了母爱的伟大与无私，表达了诗人对母亲的感激以及对母亲深深的爱和尊敬之情。

父母不仅给了我生命，从我呱呱落地那一刻起，父母就成为了我二十四小时的守护者。从小照顾我的起居生活，教我学走路，教我学说话，陪我一起成长。无论多晚只要是我生病发烧或者不舒服，一定第一时间带我去医院就诊，有多少个不眠之夜一直陪伴我。上学之后爸爸妈妈不仅给了衣食无忧的生活，让我体验各种课外活动，让我有跟多的选择发展自己的兴趣和爱好。只要有时间有机会就带我们到处旅行，让我们看外面精彩的世界多他们教育我们不光要学习好，还要做一个善良正直，有上进心，要有理，有抱负的人。为了我们能健康快乐长大，他们付出了很多的时间，心血和他们的爱。

看到爸爸妈妈每天都在努力工作的样子，我希望我长大能像他们一样，做一个努力工作，努力生活的人。看到爸爸妈妈每天忙忙碌碌的工作，很晚回到家还要关心我们的生活和学习。作为家里的一员我希望自己也可以帮忙，分担一些家务做些自己力所能及的事情。所以经常会帮忙洗碗，做饭，打扫卫生之类我力所能及的家务，来减轻他们的负担。每当我为家里做了一点小事，妈妈总会说我长大了，他们很开心。每当爸爸妈妈过生日的时候，我都会制作一张生日卡，祝爸爸妈妈生日快乐，感谢他们为我们做的一切。还记得去年母情节我悄悄的买了鲜花送给妈妈给她一个惊喜，妈妈感动的热泪盈眶，一边拍照片一边说，真的太开心了，收到了宝贝女儿的鲜花，她要发个朋友圈，要把她的快乐分享给亲朋好友。

今年我就是中学生了，我觉得我长大了。孔子云：「身体发肤受之父母，不敢毁伤，孝之始也。立身行道，扬名于后世，以显父母，孝之终也。」为了感谢爸爸妈妈的养育之恩，在生活上，我应该变得更独立，学会爱惜自己，健康积极的过好每一天，不让父母操心。然后我想为家里多做些事，尽微薄之力，来孝敬一直以来给与我最大支持的爸爸妈妈。在学习上，要更加努力，找到自己努力的目标和方向，争取考上理想的大学，像爸爸妈妈一样，行万里路读万卷书，做一个独立，有知识，有能力，对社会有用的人。我想这也是我孝敬父母的最好方法之一。

こうして親孝行

小学校 六年生　野田 昴希

私ははずかしながら、五、六歳まで、親が子である私にする一切の事は全て当たり前だと思っていた。だがいつだったか、母はいろいろあって元気をなくし、更に子宮に病気が見つかった為、入院を余儀なくされ、一週間ほど家を空けたことがあった。その間、不器用な父が代わりに家事をしていて、今から思うとそれはとてもありがたく、その時から親のしている全ては当たり前ではなく、ありがたいのだと気づいた。しかし、当時の私はまだ小さく、親の代わりに何かをするなどできなかった。しかし今の私はもう小六で、よく浴そうを洗っている。それでもまだ恩は返せない。

そう、正に北条政子の言ったように、恩は山より高く、海よりも深いのだ。

さて今日も恩の一厘でも返そう。本当にありがたい、私の父と母は最高の親なのだ！

母への感謝

小学校　六年生　ラインズ ニコール

「感謝」をもし誰かに伝えるとするならば、私は、お母さんに伝えたいです。なぜなら、私は母に女手一つで育てられたからです。

私の父と母は、私が幼いころに、別居、離婚をしました。それから私は母と兄と三人で暮らしています。母は、私が幼稚園のころの学費から今通っている学校の学費を全て払ってくれています。しかも、たくさんの習い事の費用も払ってくれています。お母さんは仕事と家事を両立していて、いつか倒れるんじゃないかっていうくらい忙しいのに、いつも笑顔で、とても尊敬しています。私はそんなお母さんが大好きです。怒るととても怖いけど、いつも私たちのことを考えてくれる優しい人です。

私は、そんな母に恩返しをして、親孝行者になりたいと思っています。でも、恩返しができないどころか、いつも迷惑ばかりかけています。なので私は、いつか母にちゃんと恩返しをして、感謝の手紙を渡したいです。そして、その手紙の最後にこう書きたいと思っています。「お母さん、私を生んで、育ててくれてありがとう。そしてこれからも、よろしくお願いします」

大好きな母へ

小学校 六年生　生田 子恒

僕は母が大好きだ。心の底からそう言える自信がある。僕が不安ばかりの時「大丈夫だから。そばにいるよ。」とずっと言ってくれる。僕はあの母のぬくもりが大好きだ。なぜかは分からないが、あの優しい手を握ると安心。母親というものは、皆こんな手をしているのだろうかと思う。でも、きっと違う。手のぬくもりはそれぞれで、僕の母は僕の母にしかもっていないぬくもりを持っている。

母親というものは、いてくれるだけで、心が落ち着く存在なのだと、僕は確信を持って言える。最後に一言。

「母よ、ありがとう」

父と母に感謝

小学校 四年生　黒岩 浩明

　ぼくの父との思い出で一番楽しかったことは、父の仕事の見学で仕事体験に参加したことです。ドローンをそうさして川の上から写真をとったり、ボートに乗って父ときょうそうしたり、魚つりと魚クイズ大会で一番になったりしてとっても楽しかったです。他にもダムの見学をして役わりを教えてもらって勉強になりました。見学会の後、妹達にはひみつですが、父と男二人でステーキとスイーツを食べに行きました。とってもラッキーでした。お父さんありがとう。ぼくは自転車の練習を父と一緒にしました。父は教えるのが上手です。父が仕事でしゅっちょうの日は、ぼくが父の代わりになって妹達のめんどうを見ます。夜、一緒に寝てあげます。けっこう大変なのでぼくは父に感謝しています。こうやって育ててもらってぼくはうれしいです。

　母の日には父と一緒に花を買いに行きます。父は、母とぼくが一緒に作ったホットケーキを食べすぎて喜んでいました。ぼくもおもしろくてよろこびました。

ぼくの母はたん生日にケーキを作ってくれます。8才と9才は数字の形にしてくれました。遠足の時は卵サンドイッチとからあげの弁当を作ってくれます。このお弁当が一番好きです。ぼくの運動会に母達がきてくれました。大きな声で「がんばれ」とおうえんしてくれました。父はビデオをとってくれました。上手にぼくを見つけてとってくれます。うれしいです。母はぼくに勉強を教えてくれます。子供の日やクリスマスとかのイベントの日には、お祝いパーティーをしてくれます。ぼくや妹達の好きな料理をたくさん作ってくれます。ぼくは毎日お祝いパーティーをしたいくらい、からあげやピザがおいしいです。お母さんいつもありがとう。お父さん、お母さん、いつも愛しています。

親孝行とは

小学校　六年生　石　念慈

私は親が大好きです。私を生んで、育ててくれた事を心から感謝しています。旅行につれて行ってくれたり、おいしい食べものを食べさせてくれた事、すっごく幸せな生活をくれた事、言いきれないくらい感謝すべき事でいっぱいです。親って面白い存在だと思います。悪い思いをしてばっかりなのに、ふりかえるといい思いしかないのですよね。私はそんな親が好きです。心配をさせたり、怒らせたりして謝りたいことはたくさんあります。この十何年間なにをしてもらったか、一言で言うと、幸せしかくれていないのです。

親は、自分がきらいだから叱るんだと思う人はきっと、親の気持ちを知らないからだと思います。だって、親が自分の子を嫌いなら、わざわざ叱る意味なんてないのですから。

大好きなパパとママ

小学校 三年生　並木 咲愛

パパへ。パパとの1番の思い出は二人だけで東京に行った事です。弟とママを残して東京のおじいちゃんおばあちゃんのお家にはじめて二人っきりでのとくべつな思い出を作ってくれてありがとう。パパはときどき、きびしくおこったりしてこわい時もあるけど私のことを思って言ってくれていること知ってるよ。

ママへ。ママとの1番の思い出は春休みに二人っきりでランチに行ったことです。その時は本当にうれしくてさい高な気分でした。

いつも弟がパパとママにあまえて私はあまえられないからと二人だけの時間を作ってくれたことを後できづきました。心があたたかくなりました。いつも私たちのことを思ってくれてありがとう。こんどは家族みんなでいっしょにおでかけしたいです。

父母への感謝の手紙

小学校 六年生　小林 慈月

親愛なるお父さん、お母さん。

私が困難にぶつかった時、いつも熱心に私を助けてくれる、私の一生で最も感謝したい人です。

お父さんは、先生のように、私にピアノやギターを教えてくれます。お父さんはコーチのように、私に付き添ってサッカー、野球、卓球の訓練をしてくれます。毎日仕事をしてお金を稼ぎ、私が学校で勉強してとても豊富な知識を獲得できるようにしてくれます。

お母さんは、天使のように、私が挫折しそうになった時、私が前向きに邁進できるように元気づけてくれます。私が骨折した時、毎日、私の右足が良くなるまで、私に付き添って学校に行ってくれ、下校する時も迎えに来て、一緒に家に帰ってくれました。

父母の私に対する愛は無限です。私が試験で１００点を取った時、とても喜んで私を褒めてくれます。父母の愛は情熱的です。私が間違ったことをした時、真剣に私を指導してくれます。父母の私に対する愛は優しいものです。私が越えることのできない挫折や困難にぶつかった時、熱心に私を助けてくれます。

お父さん、お母さんは、私の為にたくさん尽くしてくれますが、私はそんなに多くのことができていません。私の11年の人生で、お父さん、お母さんは、私を健康で成長させるのにどれだけの心血を注いだことでしょうか。これまでの私に対する心遣いと愛情は、今、私の頭の中に深く刻まれています。私が意思疎通でき、料理や計算ができるのもすべて、お父さん、お母さんが毎日教えてくれたからこそできるようになったのです。

私は、お父さん、お母さんが苦労して私を養育してくれたことにとても感謝しています。今、私は大きくなって、私自身の考えを持ち、自分で洗濯や料

理、食器洗いもできるようになり、すでに以前の私ではありません。お父さん、お母さん、私は必ず愛でご恩返しします。私は永遠にお父さん、お母さんを愛しています。

感謝父母的書信

小學校 六年級 小林慈月

親愛的爸爸，媽媽：

當我遇到困難的時候，總會熱心協助我，你們是我在一生中最想感謝的人。

爸爸像是一位老師，會教我彈鋼琴、吉他。爸爸像是一位教練，會陪我練足球、棒球、桌球。你也每天工作賺錢讓我去學校學習，獲得非常豐富的知識。

媽媽像是一位天使，當我遭受挫折時，會鼓勵我努力向前邁進：當我骨折時、會每天陪我去學校，放學時也會接我一起回家，直到我的右腳康復。

父母對我的愛時無限的，當我在考試考一百分時，你們會開心的稱讚我：父母對我的愛是熱情的，當我做錯事情時，你們會認真的指導我：父母對我的愛是溫柔的，當我遇到無法跨過的挫折與困難時，你們會熱心的協助我……

我的爸爸媽媽雖然為我付出很多，但是我的付出卻沒那麼多。我十一年的人生中，爸爸媽媽為了讓我健康長大，花了多少心血呀！從以前到現在，平時對我的關懷與愛心，現在已深深烙印在我腦海裡。我會溝通，做料理，計算，都是因為有你們每天的教導才能做到的。

我非常感謝爸爸，媽媽辛苦的栽培我。現在的我已經長大了，有我自己的想法，能自己洗衣服，做料理，清洗碗盤，已經不是以前的我了。爸爸媽媽，我一定會把愛回報給你們。我永遠愛你們！

父母への感謝の手紙

小学校　六年生　藤本　美幸　愛眞

親愛なるお父さん、お母さん。

愛するお父さん、お母さん、私が言いたいことは、「ありがとう。」です。

この11年間の間、多くの時間をお父さんお母さんと一緒に生活し、一緒に遊び、一緒に笑い、一緒に泣き、一緒に喧嘩し、そのほかにもとてもたくさんの事を一緒にやりました。一緒にいる時間、私はいつもとても幸せでした。

愛するお父さん、以前はスターだったそうですね。それで忙しくて休む時間もなかったのでしょう。でも、そんなに忙しい中で、お母さんと出会ってくれてありがとう。もしお父さんがお母さんと結婚していなかったら、私はこの世界に誕生できなかったし、こんなに多くの事を体験することも多くの友達と知り合うこともできなかったです。私が小さい頃、お父さんは病気になって、一緒に住むことができませんでしたが、私はお父さんが私を愛し、心配してくれたことを知っています。お父さんは私が一、二歳の頃、自転車に乗って私を幼稚園に送ってくれて、その頃は、日本で外国人が子供を幼稚園に送るのは珍しかったので、近所でとても有名になったそうですね。それで私はお父さんが私の為にしてくれたことにとても感謝しています。

愛するお母さん、私は家族の中で一番苦労しているのはお母さんだと思います。お母さんは私たち三姉妹を育ててくれ、そのうえ仕事も大変で、それにたくさんの家事をし、お父さんの健康も気遣わなくてはいけないので、お祖母さんが来てくれてからは、お母さんも少しは楽になりましたが、それでもやはりとても忙しいので、私はお母さんのことを心配しています。

私は一生懸命勉強して、将来大人になって役に立つ人になって、両親が養育してくれたご恩に報い、お父さん、お母さんが私の事を心配せずに楽しい毎日を過ごせるようにしたいです。お祖母さんがお父さんと同じく病気にならないように、お祖母さんにも孝行したいです。

お父さん、お母さん、永遠に元気でいてくださるよう祈っています。

感謝父母的信

小學校 六年級 藤本美幸 愛眞

親愛的爸爸，媽媽：

親愛的爸媽，我有想告訴您們的事情，就是「謝謝。」

在這十一年裡，有很多時間跟您們生活在一起，一起玩、一起笑、一起哭、一起吵架，除此之外也有很多事情想跟您們一起做，只要是跟您們在一起的時間我都很快樂。

親愛的爸爸，聽說您以前有當過明星，所以很忙沒有時間休息吧！但在這樣很忙的時間裡，謝謝您遇見媽媽，如果您沒有跟媽媽結婚的話，我就不會誕生在這個世界上，也不能體驗這麼多的事情，認識很多好朋友。我小的時候，您生病了，所以不能跟您住在一起，但我知道您很愛我，擔心我。聽說您在我一，兩歲的時候，騎腳踏車送我到幼稚園時，變成在鄰居間很有名的人，因為那時候在日本裡很少見到外國人把孩子送到幼稚園，所以我很感謝爸爸為我的付出。

親愛的媽媽，我覺得家人裡面最辛苦的就是您，因為您一個人養育我們三個姊妹，還要很辛苦的工作，還有做很多的家事，也要擔心爸爸的健康，所以請奶奶搬來後，媽媽是有輕鬆了一點，但還是很忙，所以我有點擔心您。

我要好好的念書，將來長大後成為有用的人報答父母親的養育之恩，讓您們不要擔心我，能過好的日子。我不希望讓奶奶跟爸爸一樣生病，所以我也要好好孝敬奶奶。

祝您們：

永遠健康！

一皿の卵チャーハン

小学校 五年生 蔡 雯旭

その日は一日中雨が降っていて、とても寒く感じました。もう初夏ですが、まるで春先の2月のようです。

私は宿題を終えましたが、お母さんはまだ帰ってきていません。いつもなら、ずっと前にお母さんは家についていました。窓の外を見ると、まだ雨が降っています。一冊マンガを取り出して何気なくパラパラとめくっていると、すぐに鍵の音が聞こえてきました。言うまでもなくお母さんが帰ってきたに違いありません。

急いでドアを開けようと駆け寄ると、お母さんが傘を畳んでいるところでした。お母さんはとても元気がないように見えましたが、それでも笑顔で、「お腹が空いたわよね、お母さんが夕食を作ってあげるからね」と私に言いました。

お母さんが歩いただけでフラフラとしていたので、すぐにどうしたのかと尋ねたところ、お母さんは風邪を引いたのかもしれないと言いました。残業もして少し疲れたのだと、心配しなくていいよと言いながら台所に向かおうとしました。慌ててお母さんに言いました。「お母さんはちょっと休んでて、見ててね、今日は僕が腕を振るうよ。」お母さんは私の言葉に笑っていました。そして嬉しそうに「わかったわ、それじゃあ今日はお母さんがご馳走になるわ。」と言いました。お母さんの声に力が戻ってきたようです。私はお母さんをソファに座らせ、コップ一杯の水を手渡した後、お母さんに習ってしっかりとエプロンを結び、キッチンに行きました。

私は残りご飯で卵チャーハンを作ろうと考えていました。実を言うと、自分でやるのは初めてで、前に母が作っているのを見たことがあるだけです。私はスマホで検索して作り方を見つけました。卵、にんじん、きゅうりを取り出して野菜を洗った後、丁寧にきゅうりとにんじんを細かく切り、小さな四角にしました。さらにネギも少し切り、卵を割って、卵をぎこちなく混ぜました。作業をする一方で、お母さんの料理の作り方にも思いを馳せていました。鍋に油を注いだ時、自分に飛び散るのが少し怖くなって、油が温まる前に混ぜた卵を入れました。次に、さいの目に切った野菜を入れます。その時、最初に卵を出さなければならないことを思い出しましたが、そこまで気気が回りませんでした。しばらく炒めた後、母が黒胡椒好きだったのを思い出し、黒胡椒粉を入れました。最後に、とうもろこしの粒と塩を加えて鍋をかき混ぜると、それでもいい香りがしてきました。

私は素敵なお皿を取りだし、盛りつけた後、ご飯ができたよとお母さんを呼びました。母はチャーハンを見て驚き、とても喜んでいました。食べながら、「うちの息子はやっぱりすごい。お母さんが今まで食べたチャーハンの中で一番美味しいよ」と話していました。

食べ終わったら、まずお母さんに体を洗って休むように言いました。そして私が食器を片付けますと。お母さんは言葉では言い表せないほど喜んで、ずっとありがとうと言っていました。考えてみると私がここまで育ってこられたのは、毎日頑張ってくれたお母さんのおかげですが、今までお母さんに感謝を伝えることはほとんどなく、それは当たり前のことだと思っていました。きっとお母さんも同じ気持ちだったのでしょう、私がこんなほんの小さなことをしただけでも、こんなにも喜び驚いていたのですから。「小さな草の我が心、春の日差しに恩返しなどと誰が言えようか」(「谁言寸草心,报得三春晖」子供の孝心を一寸の草、春の日差しを親の愛に喩えて親の愛の大きさを表している）と言われるように、母が私にしてくれたことと比べたら、私がしたことはどれほど些細なことかはわかっています。でも、今の私にできるのはここまでです。また「何百もの善行の中で親孝行が先」（「百善孝为先」）と言われるように、親孝行はできるだけ早くしていかなければなりません。私は必ず両親のためにできることに力を尽くすつもりです。両親の為に家事の手伝いをして、自分が返せるわずかな孝行を精いっぱい尽くしていきます。

一盘蛋炒饭

小学校 五年級　蔡 雯旭

下了一天的雨，感觉好冷啊。虽然已经是初夏时节，却有种早春二月的感觉。我已经做完了作业，妈妈还没有回来，以往的这个时间妈妈早就到家了啊。看看窗外，雨还在淅淅沥沥地下着。我拿出本漫画随便翻着，刚看了几眼就听到钥匙响，不用问肯定是妈妈回来了。

我马上飞奔过去打开门，妈妈正在收雨伞。她看起来特别没有精神的样子，但还是笑着对我说「饿了吧，妈妈去给你做晚饭。」那声音听起来有气无力的。

看妈妈走路都有点摇晃的感觉了，我赶紧问妈妈怎么了，妈妈说可能是要感冒了，又加了一会儿班，有点累，让我不要担心。说着就要去厨房。我赶紧对妈妈说：「妈妈您先休息一会儿，今天看我的手艺吧。」妈妈都被我逗笑了，开心地说：「好啊，那妈妈今天就享受了啊。」感觉妈妈的声音都有力气了。我让妈妈坐在沙发上，然后倒了杯水递到妈妈手里，也学妈妈那样系好围裙进了厨房。

我打算用剩米饭做个蛋炒饭。说实话，这还是我第一次自己操作，以前只是看妈妈做过。我翻了翻手机找出做法。拿出了鸡蛋，胡萝卜和黄瓜。洗干净菜后，小心翼翼地把黄瓜和胡萝卜切成小丁，然后又切了些葱花，打碎鸡蛋，比较笨拙地调好蛋液。一边做一边想妈妈做饭的过程。倒油进锅时我有点害怕溅到自己身上，没等油热起来就倒进了蛋液。然后又放进了菜丁。这时候我才想起来应该把鸡蛋先盛出来的。顾不了那么多了，炒了一会，我想起来妈妈爱吃黑胡椒，又倒进去一些黑胡椒面。最后，加了些玉米粒和盐，翻了几下锅，闻起来还是很香的。

拿了个漂亮的盘子，盛好后叫妈妈吃饭。妈妈看到炒米饭，一脸惊喜的表情。边吃边不停考我「我儿子竟然这么能干了，这是妈妈吃过的最好吃的炒饭啊。」其实饭有点咸，可是听了妈妈的表扬，我还是很高兴。

吃过饭后我让妈妈先去洗漱休息。我来收拾碗筷。妈妈高兴得不知道怎么形容似的，不停地说谢谢宝贝。想想我长这么大，都是妈妈每天为我操劳，我很少对妈妈表达感谢，感觉那是理所当然的事情，妈妈也是这样，所以我只做这么一点点她就惊喜万分。「谁言寸草心，报得三春晖」，我知道和妈妈对我的付出相比，我所做的一点点何其微不足道。但这是我目前能做的一切了。「百善孝为先」，尽孝须尽早。我一定会尽力为爸爸妈妈做些事，为他们分担些家务，尽自己的一点孝心。

父母への感謝の手紙

小学校　六年生　藤山　聖豪

偉大なるお父さん、お母さん。

毎日毎晩昼夜を分かたず世話をしてくれたおかげで、今の私があることに感謝しています。お父さん、お母さんがとても大変な生活の中で私を生んでくれて感謝しています。

お父さん、人として生きる人生の道理を教えてくれ、毎日大変な仕事をして、私に衣食に心配のない幸せな生活をできるようにしてくれて感謝しています。

お母さん、激痛に耐えて私を生んでくれ、毎日家事をして朝方にようやく眠り、どんなに眠くても私を起こして学校に行かせてくれ、いつも家族のために尽くしてくれていることに感謝しています。

私は父母にとても感謝していて、大人になったら、今、私の世話をしてくれているように私もお世話をしたいと思います。

「百善は孝を先と為す」と言いますが、父母への孝ができなければ、善なる良い行いはできないと思います。孝の定義は、年上の人を助け、お世話ができることで、私たちが言っている善とは他人を助けることです。もし、最も近親の父母さえも助けることができなければ、きっと善を行うこともできません。それで、私は「百善は孝を先と為す」という言葉はとても正確で、父母のことを愚痴る人はきっと父母の偉大さがわからないです。もし、父母の偉大さを知っているならそのようなことは言わないし、父母も長年養育してきた子供が親不孝な言葉を言い出すとは思わないので、これは父母に暴力をふるうのと同じことであり、父母が心の中に受けた傷は埋め合わせることができません。人々は往々にして自分が父母になってから悲しみと苦労を知り、またある人は父母に孝行をしようとした時、父母はすでにこの世にいないのです。そこで、今、父母がまだ元気な時にたくさん

父母に孝行を尽くすのです。

私は、父母こそ世界で最も偉大な人であり、他の何物と比べても一番重要だと思います。

感謝父母的書信

小學校 六年級　藤山 聖豪

偉大的爸爸媽媽：
感謝您們每日每夜不分晝夜的關愛，才有現在的我。感謝您們願意在本就疲憊的生活中把我生下。
我的父親，感謝您教會我做人處事的人生道理，每天辛苦的工作，讓我可以有衣食無慮的幸福生活。
我的母親感謝您忍著巨烈疼痛把我生下來，感謝您每天為了做家事到凌晨才睡覺，感謝您就算再睏也會把我叫醒去上學，您總是為了這個家庭付出。

我非常感謝我的父母親，我希望長大後可以像您們現在照顧我一樣，照顧您們。

俗話說：「百善孝為先」，如果不能做到孝父母，我認為也無法做到善良的事情。我認為孝順的定義是可以幫助和照顧長輩，我們俗稱的善就是可以幫助他人，如果連最親近的父母都幫助不了，也一定無法行善。所以我認為：「百善孝為先」這句話非常正確，那些說父母囉嗦的人一定是不了解父母的偉大。如果知道父母的偉大就一定不會說出那些話，父母也一定不想養育多年的親生骨肉說出不孝的言語，這等同於以暴力對待父母，對父母內心造成的傷害是無法彌補的。人們往往在自己當父母以後才知道的心酸與疲憊，也有些人想孝敬父母時父母已經不在人世了，所以趁現在父母還健健康康時多多孝敬父母。

我認為父母是世界上最偉大的人，比起那些其它的事物都重要。

父母への感謝の手紙

小学校　六年生　久米原　由佳

親愛なるお父さん、お母さん。

こんにちは。私はこの手紙の中で、お父さん、お母さんに対するたくさんの感謝の言葉を書きたいと思いますので、最後まで読んでくださることを願います。

私が小さい頃、たくさん親不孝な事をしました。例えば、うそをついたり、物を壊したり、遅くなって家に帰ったりなど、悪いことは枚挙にいとまがありません。しかし、お父さん、お母さんは私を見捨てず、私の為に仕事をし、食事を作り、洗濯をしてくれました。私にこんなにたくさんの事をしてくれた人は、お父さんとお母さんだけです。私はとても感謝しています。

お父さん、お母さんは、いつも私の願いをかなえてくれ、私は今、書道教室と空手道の練習に参加できています。これらはみな、お父さん、お母さんが苦労して働いて稼いできてくれたからこそかなえられたものです。このほかに、家にはたくさんの電子教材があり、私にたくさん学習の機会をくれました。大人になったら親孝行をたくさんしたいと思います。

親愛なるお父さん、お母さん、私を生み育ててくれてありがとう。私がお母さんのおなかの中にいた時、お母さんは病気にかかり、医者から私を生むことはできないと言われたにもかかわらず、あきらめることなく、たくさんの病院を訪ね、私を生むことのできる病院をみつけ、私を生んでくれたそうですね。もし、その時、お父さん、お母さんがあきらめていたり、その病院がみつからなければ、私は今おそらくこの世界に存在せず、この家にも存在せず、この学校に行くこともできず、今の友達たちにも会うこともできませんでした。私がお父さん、お母さんに感謝したいのはこうした事です。私をこの美しく多彩な世界に誕生させてくれて感謝しています。最も偉大なお父さん、お母さん、私は誰よりも愛しています。お父さん、お母さんが永遠に若くて健康でありますように祈っています。

感謝父母的書信

小學校 六年級 久米原 由佳

親愛的爸爸，媽媽：

你們好！我在這封信上，想寫對於你們很多感謝的話，希望你們可以讀下去。

我從小的時候，對你們做了很多不孝的事情。例如：說謊、破壞東西、回家的時候很晚等，壞事不勝枚舉。但你們不曾放棄我，為我工作、做飯、洗衣服。對我做這麼多的事情的人只有爸爸和媽媽，我很感謝你們。

你們每次都達成我的心願，讓我現在可以參加書法班和練習空手道。這些都是靠你們辛苦工作賺錢才能達成的。除了這些以外，家裡有很多的電子教材，你們給我許多的學習機會，我想長大後做更多孝順你們的事情。

親愛的爸爸，媽媽，謝謝你孕育了我，聽說我在媽媽的肚子裡的時候，媽媽正在生病，被醫生說不能生出我。但你們仍不放棄，去了很多的醫院，找到了可以生的醫院，生出了我。如果那個時候你們放棄了，沒有找到那個醫院的話，我現在恐怕不存在這個世界，不存在這個家裡，不能去這個學校，也不能見到現在的朋友。我對你們要感謝的事情就是這些事情，謝謝讓我誕生在這美麗多彩的世界，最偉大的爸爸和媽媽，我最愛你們了。祝：爸爸、媽媽永遠年輕、健康。

その日、私は大きくなった

小学校　四年生　薛　子懿

小さい頃からあらゆる事を両親にお世話してもらい、私自身もこのように毎日服を着せてもらい、ご飯を食べさせてもらう生活を当たり前のように過ごしてきました、その日までは。

去年の冬の日曜日のことでした。12月の東京は北国ほど寒くはありませんが、朝の気温はかなり下がっていました。その日はとても風が強く、朝早く起きてきたお母さんは少し熱っぽいかもと言いました。この時、みんな熱が出る事を一番恐れていました、コロナのことが心配なのです。私は急いで体温計を持ってきて、熱が出ていませんようにと心の中で静かに祈りました。しかし、測って見ると微熱がありました。お母さんは病院が開いたら検査するからそれまで部屋には来ないようにと言いました。お母さんは病気になってしまいました。私は突然の事にどうしたらいいのかわからなくなりました。お父さんは出張で一週間も帰ってきません、どうしたらいいのでしょうか。しばらくの間、私は呆然としてしまいました。この時、いつもお母さんが「どんなことが起きても慌てないで、方法を考えるのよ」と言っていたのを思い出して、私はまずマスクをしてお母さんに温かい水を持っていった後、朝食をどうすればいいのか考え始めました。

学校では家庭科の授業でサラダの作り方を習い、家ではお母さんと一緒にケーキを作ったことがありますが、食事はあまり作ったことがありませんでした。それでも、ドアの外から母に尋ねながらおかゆを作り、さらにスクランブルエッグも作ったのです。最初はとても戸惑いました。卵を割るのはとても簡単に思えたのですが、一つ目の卵は直接ボウルに落としてしまい、卵の殻を少しずつ取り出すはめになりました。卵は上手く混ざらないし、塩は多めに入れてしまうし、ガスコンロの電源を入れるだけでビクビクしていました。そうしてやっとの思いでお母さんに食事を作って持って行くことが出来たのです。

朝食を食べた後、お母さんは検査のために病院に行き、私は家で宿題を始めました。昼近くにお母さんがもうすぐ帰ってくると思い、ご飯を炊き、店に惣菜を買いに行き、帰ってきたらまた頑張ってスープを作りました。と言っても実は沸騰したお湯に入れるとすぐに完成する即席のスープでしたが。お母さんが帰ってきて、抗原検査は問題なかったと言いました、医者からは風邪の疑いがあると言われたようです。でも安全のためにPCR検査をしました。結果は翌朝まで出ないので、それまで自宅で隔離しなければいけません。お母さんに私は明日までしばらく学校に行けないと言われました。お父さんは家にいないし、お母さんはまた隔離しないといけない、私は本当は不安で怖かったけれど言えませんでした。

夕方、お母さんの熱が下がりました。気持ちが楽になったからか、元気も出てきたようでした。お母さんは自分が夕食を作ると言い張りましたが、私がさせませんでした。お母さんは、朝食べたお粥が今まで食べた中で一番美味しいお粥だと言って、私にお粥を作るように頼みました。私は自分の分のお弁当を買い、お母さんのためにお粥を作り、さらにそのお粥に赤ナツメを入れました。翌日の朝10時頃に病院から電話があり、母が「はい、よかったです」と言うのを聞いて、お母さんはコロナに感染していないことがわかりました。お母さんはすぐに寝室から飛び出して、私を抱きしめました。お母さんは泣いているようでした。お母さんは嗚咽しながら言いました。「この一日とても苦労をかけたね、本当にありがとう。私の愛しい子、大きくなったね」私もぎゅっと母を抱きしめ返し、知らず知らずのうちに涙が溢れていました。

あの日、私はとても長く感じました。その長い一日の中で私は大きく成長しました。私は家族の大切さを知りました、そして以前のようにただ愛を受ける事しか知らない自分ではいけないという事も。親孝行は早くしていかなければなりません。私は両親のためになにかをすることをゆっくりと学んでいます。そして両親が私の愛を感じる時、両親には一人の孝行娘ができるのです。

那一天，我长大了

小学校 四年级 薛 子懿

从小到大，都是父母照顾我的方方面面，我也把这种衣来伸手饭来张口的生活当作理所当然。直到那一天。

那是去年冬天的一个星期天。十二月的东京 虽然没有冰天雪地的北国那么寒冷，可是早晨的气温也已经很低了。那天风很大，一大早起来，妈妈说她感觉有点发热。这个时候，大家最怕发烧了，都担心是新冠。我赶紧拿来体温计，心里默默祈祷不要发烧。可是测量结果有些低烧，妈妈让我不要去她的房间，说等到有医院开门她就去测量一下。

妈妈生病了。我突然不知道该怎么办才好。爸爸出差了还有一周才能回来，怎么办呢？我一时有点不知所措。这时我想起妈妈平时对我说「遇到什么事情都不要着急，要想办法。」于是我戴上口罩，给妈妈送去了一杯温水 ，然后就开始想怎么做早餐了。

我在学校家庭课上学过做沙拉，在家里也和妈妈一起做过蛋糕，可没真正做过饭。我于是一边在门外问妈妈，一边做好了稀饭，还炒了鸡蛋呢。开始有点手忙脚乱的，打鸡蛋看起来很简单，第一个鸡蛋被我敲碎了，直接放到了碗里，然后一点点把蛋壳的碎片挑了出来。蛋液怎么也调不开，还放了很多盐，打开煤气灶也把我吓得连连后退，折腾了好长时间才好不容易做好饭端给妈妈。

早饭后妈妈自己去医院检查，我在家里开始做作业。临近中午，想到妈妈快回来了，我蒸了米饭，去商店买了现成的菜，回来后又努力做了个汤。其实就是烧开水放进去现成的汤包。妈妈回来后说抗原检查没有问题，医生说怀疑是感冒。但是为了安全起见做了ＰＣＲ检查，结果要等到第二天上午才能出来，出来之前要在家隔离。妈妈说我明天也暂时不能去学校了。爸爸不在家，妈妈又要在家隔离，我心里有点害怕却没说出来。

傍晚时候妈妈已经不发烧了，也许是心情作用吧，似乎有了力气。晚饭妈妈坚持要她做，我没让。妈妈让我再给她熬点稀饭，说早晨的稀饭是她吃过的最好吃的稀饭了。我自己买了个便当，给妈妈熬了些稀饭，稀饭里还放了些红枣。第二天上午十点，医院来了电话，我听到妈妈说〝是吗，那太好了〟我就知道妈妈没有感染新冠。妈妈一下子冲出了卧室，抱住了我。我感觉妈妈肯定哭了，她哽咽着说「这一天太辛苦我的宝贝了，真是太谢谢我的宝贝了，你真是长大了。」我也使劲地抱住了妈妈，不由得泪水打湿了眼眶。

那一天我感觉好漫长，漫长到自己长大了很多。我明白了家人的重要性，明白了自己不能再像以前那样只知道享受。尽孝须趁早，我要慢慢学会为父母做一些事情，让他们感觉到我爱他们，他们有个孝顺的宝贝。

「孝道作文コンクール」募集要項

【1】テーマ　「親への感謝の手紙」、「親孝行」に関すること

【2】部　門　①小学生低学年（日本語、中国語）　②小学生高学年（日本語、中国語）
③中高校生（日本語、中国語）

【3】規　定　①小学生低学年・高学年は400字以内
②中高生は800字以内
※「応募作品」と「応募用紙」双方に、題・学校（団体）名・学年（作文制作時）・氏名等を記入
※データでも可

【4】応募方法　①メール　kodobunka@gmail.com
②郵　送　〒150-0043　東京都渋谷区道玄坂2丁目15番1号　ノア道玄坂215号室
一般財団法人 孝道文化財団 宛

【5】締切日　※随時

【6】発　表　年一回開催する「孝道文化大会」にて最終結果発表

【7】表　彰　①最優秀賞、優秀賞、佳作に賞状と副賞
②表彰式では入賞者の一部御紹介と朗読

【8】主　催　一般財団法人 孝道文化財団

【9】その他　①応募作品は未発表のものに限ります
②応募作品の著作権は主催者に帰属します
③表彰作品は厳選の上、後日、主催者発行の『孝道作文選集』に掲載し、発表する予定です
④作品中の応募者の個人情報に関して、主催者は一切の責任を負いません
⑤表彰作品を発表する際、表記統一など主催者の判断で修正させていただくことがあります

孝道作文選集

2023年1月23日　初版発行

編　者　一般財団法人 孝道文化財団
発行人　吉木稔朗

発行所　株式会社 創藝社
〒162-0806 東京都新宿区榎町75番地 APビル5F
電話(050)3697-3347　FAX(03)4243-3760

印　刷　中央精版印刷 株式会社
イラスト　劉 情音
デザイン　合同会社スマイルファクトリー

※落丁・乱丁はお取り替えいたします。
※定価はカバーに表示してあります。

ISBN978-4-88144-266-1　C0037